JN302627

自死で
大切な人を失った
あなたへの
ナラティヴ・
ワークブック

新曜社　　　　　　　　　川島大輔

はじめに

　自死によってかけがえのない人を失うという経験は、遺された人に様々な影響を及ぼします。その一方で、死別という危機において人はただ無力に打ちひしがれるだけではありません。遺された人はそのグリーフのプロセスを通じて、その人らしいやり方で故人の死を意味づけようとします（グリーフとは、死別後に経験する様々な感情や思いから、一変した世界の学びなおし、意味の再構成までを含むものです）。

　同時に、身近な人を自死で亡くすことはトラウマ的な経験となって、遺された人の心や身体に様々な影響を及ぼします。さらに社会的な偏見の影響もあり、グリーフのプロセスを十分に経験することが難しい状況があります。それはグリーフワーク、つまりグリーフに能動的に関わることにおいて必要不可欠な、自分の経験を語りなおしたり、故人や自分の悲しみについて周囲の人とコミュニケーションを行うことが、社会的偏見によって阻害されてしまうからです。

　本書は、自死・自殺（本書での自死、自殺の用語の区別については「ワークブック使用のためのQ＆A」（p.141-142）をご覧ください）を取り巻くこうした社会的状況やグリーフの特徴を踏まえ、大切な方を自死で失った人が、その人らしいやり方でグリーフを経験できるように、もっといえば自分自身の人生を調節できる感覚を発達させられる足場となることを目的とした、実践的なワークブックです。

▎本書作成の立場

1. 遺された人は、その人自身のやり方で、その人がこれまで作り上げてきた人生観や世界観を再構成しようとします。
2. 遺された人は、自らの経験を語りなおすことで、また他の人々とのコミュニケーションを通じて、意味を再構成しようとします。
3. 遺された人は、死別後に様々なグリーフを経験します。大切なのは、遺された人がそれぞれのやり方でグリーフを十分に経験することです。

　なお本書の表題にもある「ナラティヴ」とは物語やストーリーなどの言葉で言い表されるものです。自分の経験を語りなおすことによって、遺された人がその人らしいやり方でグリーフに取り組むことができるというのが本書の基本

的なスタンスなのです。

本書の特徴

1. 遺された人が、個人のペースでワークに取り組むことができます。どの時期が良いということはなく、あなたが取り組みたいときに、取り組んでいただくことが大切です。
2. 遺された人が、それぞれの立場（たとえば親、子ども、配偶者、友人、恋人など）から、取り組むことができます。
3. 各章のワークでは、自分の経験を言葉や絵、図で表現することや、誰かに話を聞いたり、何らかの活動を行ったりするものが準備されています。
4. ワークを通じて、自分の経験を振り返ったり、普段なかなか口にできない気持ちを吐き出したり、故人の思い出を周りの人と共有することで、グリーフのプロセスが促進されます。
5. 自分一人で取り組めるものと、誰かと一緒になって、あるいは誰かの助けを受けて取り組めるものの両方が盛り込まれています。
6. 何度も繰り返してワークに取り組むことで、死別後に生き抜いてきた自分の歴史を確認することができます。
7. 自分の体験について語りなおすことで、自分の腑に落ちるストーリーを見出すことができます。
8. 感情的な側面だけではなく、死別の経験に対する思い（認知）や実際の行動を通じて、グリーフの様々な側面について体験的に関わることができます。
9. 喪失経験について学びなおすワークだけでなく、現実生活の中でどのように生き抜いていくのかを考えるワークが盛り込まれています。
10. 実践的なワークに加えて、ワークの理論的な背景や、学術的な研究知見についての解説も盛り込まれています。

本書の構成

本書は大きく第1部「ワーク編」、第2部「解説編」に分かれています。ワークだけに取り組んでもかまいません。またワークの理論的な背景や関連する研究知見についても知りたい場合は、解説編の内容が参考になります。

ワーク編はさらに大きく8つの章に分かれています。序章と終章以外に6つの本章があります。本章は世界の学びなおし、故人との関係の学びなおし、自己の学びなおしという、それぞれ異なったグリーフのプロセスに取り組めるようになっています。一章と五章で展開されている「世界の学びなおし」では、

大切な人がいなくなった世界で生きていくために必要な事柄を学びなおすためのワークが準備されています。三章と四章の「故人との関係の学びなおし」では、亡くなった方との関係について考えていくことのできるワークが準備されています。そして二章と六章で取り組むこととなる「自己の学びなおし」では、死別の経験の意味や、それを受けた自分自身の人生をもう一度見つめなおすワークが準備されています。

本書の使い方

　基本的にはペンなどの書くものがあればどこでも一人で取り組むことができます。ただし、なかには写真を貼ったり、誰かに話を聞いたりすることが必要なワークもあります。

　グリーフのプロセスとして、一般的には喪失の意味や故人との関係を探求することから、次第に自分自身のアイデンティティや生き方に関わる領域に、遺された人の関心が移行すると言われます。本書でもこのグリーフプロセスの特質を考慮して、章が配置されていますので、順番に取り組んでいただくことができます。

　ただしすべての人が同じプロセスを辿るわけではありません。性別や年齢、故人との関係性、そして現在置かれている状況などによっても、そのプロセスは大きく異なります。したがって順番にこだわらずに、本書に盛り込まれている様々なワークの中から、取り組みやすいものに挑戦していただいても結構です。

　なおどのワークにも、 ワークのポイント が書かれていますので、ポイントを確認してから取り組むと良いでしょう。

本書を使用する上での留意点

　本書の順番にこだわらず、取り組みやすいものから、ご自分のペースで挑戦してください。ただし「序章　グリーフという旅に出る前に」の私のプロフィール・安全な場所の確認は、必ずはじめに行ってください。

　正しい答えや間違った答えがあるわけではありません。また、いつまでに完成させなければならないという期限もありません。

　なお取り組みやすいものもあれば、辛くて途中でやめたくなるもの、表現や内容に抵抗を感じるものもあるでしょう。またワークの中には、ご自身の置かれた状況では取り組むことが難しいものもあるかもしれません。何度も言うように、グリーフというプロセスは個人によって様々であるわけですから、あなたのペースでできるところから挑戦してみてください。

本書のワークは、基本的には一人で取り組むことができるようになっていますが、信頼できる誰か、たとえば家族や友人、カウンセラーなどの専門家と一緒に取り組んでいただいてもかまいません。とくにワークに取り掛かってみたものの、一人で取り組むことが難しいと感じた方は、一人ですることにこだわらず、誰かと一緒になって取り組んでみましょう。ただしこのワークに取り組む主体は、他ならぬあなた自身であることは忘れないようにしてください。

　注意点として、ワークの途中で、死別を経験した直後の辛い感情がよみがえってきたり、苦しい気持ちが高まってきたりすることがあります。その場合はワークを中断して、少し時間を空けてから取り組む、気分転換を行う、別のワークに取り組んでみるなどの調整を行ってください。また精神的な苦痛が毎日続く、死にたい気持ちが頭から消え去らないなど、自分一人ではどうにも対処できない状況にある場合には、ワークに取り組む前にまずは医療機関等の専門機関を受診してください。できる限りご自身のコンディションを整えてからワークに取り組むことが大切です。

自死で大切な人を失ったあなたへの
ナラティヴ・ワークブック

目　次

はじめに　　i

第1部　ワーク編　　1〜115

序章　グリーフという旅に出る前に ——— 3
1. 私のプロフィール、安全な場所の確認　　4
2. マップの確認 —— 木のイメージ　　10

一章　なんとかやっている自分を称える —— 世界の学びなおし (1) ——— 13
1. 苦痛耐性スキル —— 苦手な人や場所、時への対処方略　　14
2. スマイルリスト　　21

二章　喪失を外在化する —— 自己の学びなおし (1) ——— 23
1. グリーフマップ　　24
2. 喪失のスケッチ　　29
3. 喪失の影響地図づくり —— 今を見つめて、これからの未来をつくる　　31

三章　儀　式 —— 故人との関係の学びなおし (1) ——— 37
1. 儀式を企画する　　38
2. 故人の生きた歴史を探訪する　　42

四章　故人との関係性を紡ぎなおす —— 故人との関係の学びなおし (2) ——— 49
1. 故人のプロフィール　　50
2. 亡くなった、大切な人に手紙を書く　　52
3. 故人との関係イメージを絵に描く　　54
4. 故人の伝記をつくる —— 周囲とともにつくる故人の物語　　60

五章　新たなストーリーを生きるためのコミュニティを創造する
── 世界の学びなおし（2） ──────── 73

1. 私を支えるチームメンバーシップの確認
   ── あなたを応援する人々を確認しよう！　　74
2. 自助・支援グループに参加してみる　　78
3. 社会に働きかける仕事に取り組む　　83

六章　自分の人生を語りなおす ── 自己の学びなおし（2） ──── 87

1. 私の喪失物語　　88
2. ライフライン　　96
3. 自伝の作成　　100

終章　旅の途上で ──────────────── 113

1. 旅の途上で ── 写真で締めくくる、ひとまずの旅の終わり　　114
2. 次の旅に向けて　　115

第2部　解説編　　117〜140

1. グリーフとは何か　　118
   (1) 本書におけるグリーフの意味づけ　　118
   (2) グリーフのプロセスは段階か、局面か、課題か、
       それとも学びなおしか　　119
   (3) グリーフプロセスについて　　120
   (4) 死別後に起こりうる心理的・身体的反応について　　122
2. 本書の理論的・学術的背景について　　123
3. 本書の構成について　　124
4. 本書の読者は誰か　　125
5. ワークについての解説　　126

ワークブック使用のためのQ&A　　141

あとがき　　143

引用文献　　145

装幀＝荒川伸生

第1部　ワーク編

序章　グリーフという旅に出る前に

1．私のプロフィール、安全な場所の確認

2．マップの確認 ── 木のイメージ

1．私のプロフィール、安全な場所の確認

(1) 私のプロフィール

　大切な人を失う経験は、遺された人が死別以前に抱いていた前提や世界に対するものの見方を大きく揺るがせたり、ときに崩壊させてしまいます。しかしそのような辛く苦しい日々の中でも、自分を元気にしてくれたり、安らかな気持ちにしてくれる人やもの、場所がきっとあるはずです。これはあなたにとって、かけがえのない財産です。

　ワークの内容に取り組む前に、まずは自分のこうした財産を確認しておきましょう。なお、すべてを書き込む必要はありません。書ける範囲で、空白を埋めてみましょう。

〈今のあなたについて〉

自分の好きなところ	
心落ち着く場所	
心を許せる存在（人、モノ、ペットなど）	
好きな音楽	
心を落ち着かせてくれる言葉	
好きな映画	
好きな色	

〈今のあなたが辛い日々を生きていくために役立つもの〉

親友	
役に立つ本	
役に立つ言葉	
リラックス法	
ストレス発散法	
信仰	

（2）安全な場所の確認

　ワークに取り組む時や日々の生活の中で、苦しさや辛さが高まってくることがあるかもしれません。その際にあなたの安全を守るシェルターとして機能する場所や資源、ネットワークについても確認しておきましょう。

　1．お金や時間に関係なく、いまあなたにとってもっとも安全な場所をつくることができるとすれば、それはどこですか？

　2．安全な場所の絵を描いてみましょう。あるいは写真や記事などを使ってコラージュをつくってもかまいません。

3．あなたが危機に瀕したとき、あなたの力になってくれる人たちの電話番号を控えておきましょう。また誰とも連絡がとれないときに、あなたが安全でいられる方法についても考えておきましょう。なお相談窓口などの情報については、次ページの〈参考情報〉も参考にしてください。

1）親友 _____

2）家族 _____

3）カウンセラー _____

4）かかりつけ医 _____

5）地域の緊急相談窓口 _____

6）近所の人 _____

7）上記の誰とも連絡がとれない場合、連絡がとれるまでに次のことを行うことによって、私は安全でいられます。

_____

> **ワークのポイント**
> 1．これらのワークについては、たとえすべての項目が埋められなくても、必ず取り組んでください。
> 2．続く一章から六章にかけて、故人との関わり、世界、自己をそれぞれ学びなおすためのワークが準備されていますが、それらに取り組むことは時として、辛い感情や苦しい気持ちを生じさせます。あるいはトラウマ的な記憶がよみがえってくることもあるかもしれません。そんな時に自分の安全を確認できる場を確保すること、それがこれらのワークのねらいです。
> 3．ワークに取り組む中で辛くなったり、あるいは日々の生活で苦しくなったときには、この「序章　グリーフという旅に出る前に」に記した内容をいつでも確認できるようにしておきましょう。

〈参考情報（2014.4.16現在）〉

運営団体名称	活動内容	URLや連絡先等
NPO法人グリーフサポートリンク〈全国自死遺族総合支援センター〉	・自死遺族の集いや研修を実施しています。 ・亡くなった後の必要な手続きについても簡素にまとめています。	電話：03-3261-4350 　毎週木曜日 11時〜19時 　急ぎの場合：080-5428-4350 メール：Office@izoku-center.or.jp URL：http://www.izoku-center.or.jp/
特定非営利活動法人多重債務による自死をなくす会コアセンター・コスモス	・多重債務問題の相談、自死遺族総合支援相談などの活動をしています。	電話：080-6159-4730 　　　080-6159-4733 毎日9時〜20時 メール：下記URLからメールで相談できます。 URL：http://cosmos-ikiru.com/
	・亡くなられた直後にどのような行政手続きを行えばよいのかを解説しています。 ・また生活再建のための法的支援についての情報も詳しいです。	URL：http://cosmos-shien.com/ 　　（自死遺族支援.com）
自死遺族支援弁護団	・遺された家族をとりまく法律的な諸問題について支援している弁護団のサイトです。 ・FAXや手紙、Eメールでも相談を受け付けています。詳しくはサイトをご確認ください。 ・遺族が直面する法律的問題についても詳しく解説しています。	ホットライン電話：050-3786-1980 　毎週水曜日（祝日を除く） 　12時〜15時 上記時間帯以外の電話：06-6949-8277 　月曜日〜金曜日（祝日を除く） 　9時〜18時 FAX：06-6949-8217 （専用用紙をホームページからダウンロードする必要があります） URL：http://www.jishiizoku-law.org/index.html
NPO法人ライフリンク	・「自死遺族のつどい」の全国情報一覧です。 ・どこに相談したらよいかわからない人のために、それぞれのニーズに合ったものを迅速かつ的確に探し出せるように工夫された総合検索サイトです。 ・さまざまな状況に応じて、どのような相談機関があるのか、情報を得ることができます。	URL：http://www.lifelink.or.jp/hp/tsudoi.php URL：http://lifelink-db.org/ 　　（いのちと暮しの相談ナビ）
日本いのちの電話連盟	・いのちの電話が行っているサポートグループの情報が掲載されています。	URL：http://www.find-j.jp/bereaved.html

全国自死遺族連絡会	・全国の自助グループの情報が詳しく掲載されています。 ・自死遺族の権利保護を訴える活動にも取り組んでいます。	URL：http://ainokaisendai.web.fc2.com/renrakukai.html
（独）国立精神・神経医療研究センター精神保健研究所自殺予防総合対策センター	・いきる・ささえる相談窓口（都道府県・政令指定都市別の相談窓口一覧）のサイトです。 ・全国の各種相談窓口の情報が調べられます。とくに行政機関の情報が充実しています。	URL：http://ikiru.ncnp.go.jp/ikiru-hp/ikirusasaeru/index.html

2. マップの確認 ── 木のイメージ

　グリーフのプロセスは様々なメタファー（隠喩）で喩えられます。下の図は、グリーフプロセスを1本の「木」として捉えたものです。本書の各ワークが、葉っぱとなります。

〈私のグリーフの木〉

ワークのポイント

1．どの葉っぱから塗ってもかまいません。
2．どんな色で塗ってもかまいません。また色鉛筆でもクレヨンでも、何で塗ってもかまいません。色を塗るだけでなく、シールを貼ったり、近くの公園などで本物の葉っぱを拾ってきて、のりで貼りつけてもかまいません。
3．複数回ワークに取り組んだら、また別の葉っぱを塗ってみましょう。前のワーク終了後に塗った色がどうしても気に入らなくなったときには、その上から新たな色を塗ってもかまいません。
4．各ワークに取り組んだ後、毎回このページに戻ってきて、葉っぱをあなた好みの色で塗ってみてください。このワークを終えるころには、葉っぱの生い茂る一本の木が、あなたの辿ってきたグリーフプロセスを祝福してくれることでしょう。

一章　なんとかやっている自分を称える
── 世界の学びなおし（１）──

1．苦痛耐性スキル ── 苦手な人や場所、時への対処方略

2．スマイルリスト

1．苦痛耐性スキル ── 苦手な人や場所、時への対処方略

大切な人がいない世界を生きていくことは容易ではありません。
このワークは、あなたが苦痛に感じたり、あるいは苦手に思う、人や場所、時に対して、どのように対処できるのかを考えるものです。

1．まずあなたが苦痛に感じたり、あるいは苦手に思う人や場所、時をリストアップしてみましょう。またその理由も書いてみましょう。

あなたが苦痛に感じるもの	理由
例　親戚	故人が亡くなった責任が自分にあると、いつも非難されるので辛い。
桜の季節	桜が咲くころになると入学式を迎える子ども達をみて、幼いときの故人の姿が鮮明によみがえってきて、胸が苦しくなる。
1）	
2）	
3）	
4）	
5）	
6）	

7）	
8）	
9）	
10）	

2．次に1．であなたがリストアップした苦痛への対処方法を考えてみましょう。その際、17ページからの〈苦痛に対処するスキル・リスト〉を参考にするとよいでしょう。もちろん、リストにはない、あなた独自のやり方を対処方法に挙げてもかまいません。

あなたが苦痛に感じるもの	理由
例　親戚	自分のことをわかってくれている人のことを考える。深呼吸してリラックスする。顔を合わせないようにする。
桜の季節	外出を控えるようにする。ベンチに座って目をつむり、鳥の声などの自然の音に耳を澄ませる。人目につかない場所で思いっきり泣く。
1）	
2）	
3）	
4）	

一章　なんとかやっている自分を称える

5)	
6)	
7)	
8)	
9)	
10)	

> **ワークのポイント**
>
> 1．空白をすべて埋める必要はありません。
> 2．時や場合によって、苦痛と感じるものが変わることもあるでしょう。そのときは、新たにリストを作成してみましょう。
> 3．ワークに取り組む際には、あなたが「今」感じている苦痛や苦手なものへの対処を考えてみましょう。ただし「過去」の自分が苦難にどう対処して来たのかをふり返ってみるためにこのワークを使用していただいてもかまいません。
> 4．もともと関係の悪かった人や、苦手なものとの関わりは言うまでもありませんが、以前は良好な関係だった人とも、故人の死をきっかけに関係がぎくしゃくしてしまったり、険悪な仲になってしまうこともあるでしょう。それまで頻繁に参加していた会や、訪れていた場所も、辛い記憶がよみがえる場所として、避けるようになるかもしれません。特定の人や場所ではなくても、たとえば命日やクリスマスなどの特定の日をどのように過ごすかはとても大きな問題です。
> 5．次ページ以下の「参考 苦痛に対処するスキル・リスト」には苦痛対処のための様々な方法がありますが、これがすべてではありません。またあなたにとって有効なものもあれば、そうではないものもあるでしょう。自分に、また状況にぴったりとあう方法を探してみましょう。

〈参考　苦痛に対処するスキル・リスト〉

楽しい活動で気分を変える	☐ 電話で友達と話をする。
	☐ 外出して、友達を訪ねる。
	☐ 友達にメールをする。
	☐ エクササイズをする。
	☐ ストレッチをする。
	☐ 散歩に出かける。
	☐ 外に出て雲を見る。
	☐ 夜空の星を眺める。
	☐ アウトドアに挑戦する。
	☐ マッサージを受ける。
	☐ ジョギングに出かける。
	☐ ドライブに行く。
	☐ 旅行の計画を立てる。
	☐ 旅に出る。
	☐ 眠る、あるいは仮眠をとる。
	☐ 好きなものを食べる。
	☐ お気に入りの料理を作る。
	☐ ペットと遊ぶ。
	☐ 新聞を読む。
	☐ 映画館に行き、上映されているものを観る。
	☐ テレビを観る。
	☐ お気に入りの音楽を聴く。
	☐ スポーツ観戦に行く。
	☐ ゲームをする。
	☐ ブログを作る、もしくは更新する。
	☐ インターネットで買い物をする。
	☐ 買い物に出かける。
	☐ 髪を切りに行く。
	☐ 温泉に行く。

楽しい活動で気分を変える	☐ 図書館に行く。
	☐ 書店に行って、立読みをする。
	☐ お気に入りのカフェにコーヒーやお茶を飲みに行く。
	☐ 美術館やアートギャラリーを訪れる。
	☐ 公園やショッピングモールに行き、他の人を眺める。
	☐ 教会や寺院に行く。
	☐ 祈る。あるいは瞑想する。
	☐ 聖地や札所を巡礼する。
	☐ 最近話をしていない家族に電話する。
	☐ 歌う。
	☐ 楽器を演奏する。
	☐ お気に入りの音楽でダンスをする。
	☐ 習い事を始める。
	☐ 地元のクラブやサークルに参加する。
	☐ 園芸をする。
	☐ 編み物をする。
	☐ 風呂に入る、あるいはシャワーを浴びる。
	☐ 車の整備をする。
	☐ 日記を書く。
	☐ お気に入りの雑誌を読む。
	☐ 絵を描く。
他の人に目を向けて注意をそらす	☐ 他の人のために何かをする。
	☐ 家族や友人などに何か手伝えることがあるかを尋ねてみる。
	☐ ボランティアや募金をする。
	☐ 公園やショッピングセンターなどに行って、他の人々を眺めてみる。
	☐ 公園のベンチに座って、人々の服装や振る舞い、会話を観察する。
	☐ 大事に思っている人（家族、友人、尊敬する人など）のことを考える。

思考から注意をそらす	☐ 心地よかった、楽しかった、あるいはわくわくした過去の出来事を思い出す。
	☐ 人のいない場所で、大声で叫ぶ。
	☐ クッションなどのやわらかいものをボコボコたたく。
	☐ 性的に興奮することについて想像してみる。
	☐ 自分の周りの自然世界（木、花、空、海など）に目を向ける。
	☐ お気に入りの言葉やことわざをコピーして持ち歩く。
	☐ あなたの途方もない空想が現実になることを想像する。
	☐ 過去の自分の成功体験を思い出す。
	☐ その場を離れることで注意をそらす。
作業や雑用で気分を変える	☐ 皿洗いをする。
	☐ 部屋や家の掃除をする。
	☐ クローゼットやタンスを整理する。
	☐ 部屋の模様替えをする。
	☐ 机の上の本や書類を整理する。
	☐ 庭の草むしりをする。
	☐ 車庫や車の掃除をする。
	☐ 洗濯をする。
	☐ 宿題をする。
	☐ 靴を磨く。
	☐ 風呂掃除をする。
	☐ 植木に水をやる。
	☐ 家族のために料理を作る。
	☐ 請求書の支払いをする。
数を数えて注意をそらす	☐ 呼吸を数える。
	☐ 車の数、木の数などを数える。
	☐ 掛け算を暗唱する。
辛い感情に向き合う	☐ 思いっきり泣く。
	☐ この状況が永遠に続くことはないと考える。
嗅覚を使って自分を落ち着かせる	☐ 香りのついたロウソクや線香をともす。

嗅覚を使って自分を落ち着かせる	☐ お気に入りの香水やコロンをつける。 ☐ パン屋やレストラン、喫茶店など、自分にとって心地よい香りのする場所に行く。 ☐ チョコレートやクッキーなど、よい匂いのするものを焼く。 ☐ 庭や公園で草や花の匂いを嗅ぐ。 ☐ 花を買う。あるいは近所で花を探す。
視覚を使って自分を落ち着かせる	☐ 雑誌や本をめくり、好きな写真を切り抜く。 ☐ 美術館などで絵画を鑑賞する。 ☐ 公園や山、海などに行き、風景を眺める。 ☐ 書店に行き、気持ちを落ち着かせてくれる写真を見つける。 ☐ 絵を描く。 ☐ 写真を見る、もしくは飾る。
聴覚を使って自分を落ち着かせる	☐ お気に入りの音楽を聴く。 ☐ お気に入りの音楽を携帯用プレイヤーで持ち歩く。 ☐ テレビをつけ、ただ聴く。 ☐ ラジオで穏やかなトークショーを聴く。 ☐ 窓を開けて、自然の音を聴く。 ☐ 公園などに出かけて、自然の音を聴く。 ☐ 水が流れる音を聴く。
味覚を使って自分を落ち着かせる	☐ 好きな料理を食べる。 ☐ 気分をよくしてくれる、あるいは心が和む食べ物を食べる。 ☐ 気分をよくしてくれる、あるいは心が和む飲み物を飲む。
触覚を使って自分を落ち着かせる	☐ 布切れのような、肌ざわりのよいものを持ち歩く。 ☐ 熱い、あるいは冷たいシャワーを浴びる。 ☐ 温かい風呂に入る。 ☐ 深呼吸をする。 ☐ マッサージを受ける。 ☐ 自分でマッサージをしたり、ストレッチをする。 ☐ ペットや小動物と触れ合う。 ☐ 着心地のよい服を着る。

2. スマイルリスト

　愛する人が亡くなった世界で生きていくことはとてもつらく苦しいものですが、それでも、ふとしたことに笑ったり、何かを楽しむことができます。
　以下の空白に、あなたが笑ったり、ほほえんだり、楽しんだりできるものをリストにしてみましょう。

例　大好きなケーキを食べたとき。心を許せる友達とバカ話をしたとき。
1）
2）
3）
4）
5）
6）
7）

> **ワークのポイント**
>
> 1．このワークにおいて、リストがまったく埋められない人もいるかもしれません。その場合も、笑わなければならない、楽しまなければならない、というのではありません。むしろ、日々の生活を注意深く見つめる中で、ふと笑ってしまったり、ほほえんでしまうものをリストにしてみることが大切です。
> 2．遺された人の中には、笑ったり楽しんだりした後に、自分だけがこんな気持ちになっていいのかと思う人もいます。また、こうした気持ちを感じること自体を固く拒もうとする人もいます。その一方で、故人が亡くなった当初は感情が無くなってしまったように感じていても、少しずつ誰かと微笑みを交わせるようになったりすることもあります。むしろ苦しみや辛さといったネガティヴな感情、笑いや楽しみといったポジティヴな感情がともに存在していることこそが、「生きている」ということなのかもしれません。

二章　喪失を外在化する
── 自己の学びなおし（1）──

1．グリーフマップ

2．喪失のスケッチ

3．喪失の影響地図づくり
　　── 今を見つめて、これからの未来をつくる

1．グリーフマップ

　大切な人が亡くなった後、遺された人は様々な感情や思いを経験します。その中には互いに矛盾する感情や思いもあるでしょうし、なかなか他の人には言い出せないものもあるでしょう。同時に、時間の経過とともに消失していく感情や思いもあれば、反対に徐々に強くなってくるものもあるでしょう。
　このワークは、喪失を経験したあなたがどのような感情を感じているのか、思いを抱いているのかをあらわす地図を作成するものです。

▎ワークの流れ

1．次のグリーフマップの中に描かれている様々な感情や思いの中から、現在のあなたの気持ちに当てはまる事柄を選んでください。いくつ選んでもかまいません。
2．選んだ感情や思いの程度をあらわすように、該当する△を塗りつぶしてください。たとえば、少しだけ感じる場合は下半分だけ塗る。いま強烈に感じる場合は枠をはみ出すぐらい塗りつぶす、などです。
3．このワークでは、あなたがいま感じている感情や思いを率直にあらわしてみることを目指しています。まずは感じるままに△を塗りつぶしていってください。
4．あなたが強く感じている感情や思いでありながら、グリーフマップに記載がない場合は、何も書かれていない△の部分に、内容を書き加えて使用してください。
5．グリーフマップが描かれたら、自分がどんな感情や思いを強く抱いているのかを、確認してみてください。
6．さらに次ページの表に、あなたが今強く感じている感情や思いの具体的な内容（感情や思いの対象、感じる場面や時、など）を書き込んでください。

＊継続して実施する場合には、事前にコピーをとっておきましょう。

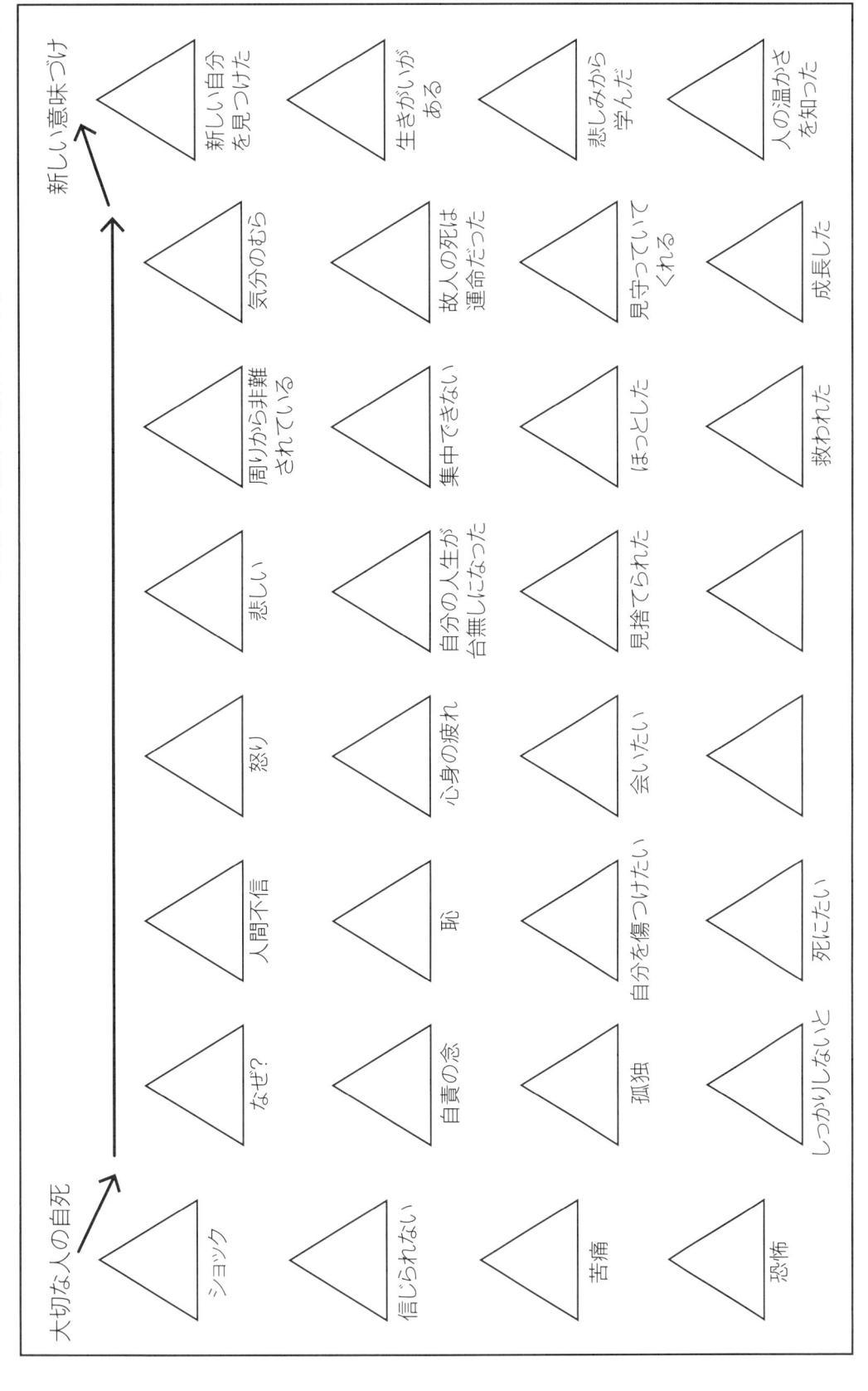

大切な人の自死 → 新しい意味づけ

ショック	なぜ？	人間不信	怒り	悲しい	周りから非難されている	気分のむら	新しい自分を見つけた
信じられない	自責の念	恥	心身の疲れ	自分の人生が台無しになった	集中できない	故人の死は運命だった	生きがいがある
苦痛	孤独	自分を傷つけたい	会いたい	見捨てられた	ほっとした	見守ってくれる	悲しみから学んだ
恐怖	しっかりしないと	死にたい		救われた		成長した	人の温かさを知った

二章　喪失を外在化する

あなたが今強く感じている感情や思いの具体的な内容を書き込んでください。

感情や思い	具体的な内容（感情や思いの対象、感じる場面や時、など）
例 会いたい 孤独	普段はあまり感じないが、結婚記念日が近づいてくると、「ああ、もういないんだ」と強く思うようになり、寂しく、無性に会いたくなる。

感情や思い	具体的な内容(感情や思いの対象、感じる場面や時、など)

> **ワークのポイント**
>
> 1. グリーフマップでは、あまり見たくない感情や思いが思いがけず描かれることがあります。また、様々な感情や思いがバラバラのままだったり、矛盾する気持ちが同時に描かれると、特定の感情や思いにうまくまとめなければいけないと感じる方もいるかもしれません。しかしこうした場合には、その感情や思いを無理に消し去ろうとするのではなく、また無理に矛盾を解消しようとか、うまくまとめようと思うのではなく、「自分はそのように感じているんだ」とそのまま受け止めてみることが大切です。
> 2. 時間の経過の中で、繰り返しグリーフマップを作成してみることで、あなたの感情や思いの変化を確認することができます。たとえば1週間継続して毎日作成してみることで、日々の変化を見つめ直すことができます。その場合、事前にコピーをとっておくと良いでしょう。
> 3. このワークでは現在のあなたの気持ちを確認することを目的としていますが、死別直後の気持ちについても振り返って描くことで、過去と現在を比較することが可能です。
> 4. 自分の感情や思いをいったん外に出して、眺めることは、グリーフワークにおいて大変重要です。しかしそれはときに苦しさや辛さを伴うものです。しんどくなったら、ワークを途中で中断し、また心に余裕が生まれたときに再開してください。
> 5. 一人だけで自分の感情や思いと向き合うのは大変ですので、誰か信頼できる人とグリーフマップを共有すると良いでしょう。

2．喪失のスケッチ

　喪失したものについて言葉では語ることが難しい場合でも、絵を用いてであれば表現できる場合もあります。このワークでは、あなたの喪失したものについて、スケッチを描いてみましょう。

■ワークの流れ
1．下の空白の中に、あなたが喪失したものについてのスケッチを自由に描いてください。
2．スケッチが描けたら、そのスケッチのタイトルを下の〈　　〉に書いてください。タイトルがうまくつけられない場合は無題でもかまいません。
3．スケッチを眺めてみて、どんなことを感じるでしょうか。感想を書いてみましょう。

〈タイトル：　　　　　　　　　　　　　　　　　　　　　〉

〈感想〉

> **ワークのポイント**
>
> 1. 絵のうまい下手や、正しい絵などはありません。あなたが感じるままに描いてみてください。
> 2. 鉛筆などで描いてもかまいませんし、様々な色を使い分けて描いていただいても構いません。
> 3. グリーフマップと同様、時間の経過の中で、繰り返し喪失のスケッチを描いてみることで、あなたの感情や思いの変化を確認することができます。
> 4. このワークの別な取り組み方として、身近なもの、たとえば新聞や雑誌の切り抜きでコラージュを作成してみても良いでしょう。

3. 喪失の影響地図づくり
—— 今を見つめて、これからの未来をつくる

　このワークでは、影響地図という道具を用いて、大切な人を失うことの影響が、あなたの人生にどのような影響を及ぼしているのか、そしてその影響がどのように変化してほしいのかを考えていただきます。

▌ワークの流れ

1. はじめに、〈現在の状況〉のシート（p.33）を使用します。真ん中のマスにある「＿＿＿が亡くなったこと」の箇所に、故人のお名前を書き込んでください。イニシャルなどでもかまいません。
2. それぞれのマスには、強く影響を受けると思われる人生の領域が書かれてあります。あなたの現在の気持ちや行動を振り返って、どんな影響を受けていると思うのかを、マスごとに書き込んでみてください。
3. すべてのマスを埋める必要はありません。どこから書き始めてもかまいません。また、あなたが大切だと思う事項が影響地図のマスに用意されていない場合は、何も書かれていないマスを使用してください。
4. 一通り書き終えたら、全体を眺めてみてください。たくさん書き込めたマスもあれば、反対に何も書き込めなかったマスもあると思います。この影響地図には正解も不正解もありません。書き込まれた内容がそのまま、あなたの現在の気持ちを表しているのです。
5. 今のあなたの気持ちが書き込めたら、振り返りシート（p.34）を使って、影響地図に書かれた事柄を振り返ってみましょう。
6. 振り返りができたら、〈未来の状況〉シート（p.35）を準備してください。そして先ほど作成した影響地図を参照しながら、現在の自分の状況が今後どのようになってほしいのかという希望を書いてみてください。少し先の未来でもかまいませんし、5年後という設定をして頂いてもかまいません。マスが埋められたら、「＿＿＿が亡くなったこと」を丸や四角で囲み、それぞれのマスへの矢印を描いてください。また矢印も実線や点線、線の太さなどを自由に使用してください。なお、影響を受けないマスへの線は書かなくてかまいません。
7. 作成した地図を、誰か信頼できる人に見せて、話を聞いてもらえる機会を作ってみてください。

> **ワークのポイント**
>
> 1. 日を改めて何度も繰り返してもかまいません。その時点でのあなたの捉える影響地図が作成されることでしょう。その場合は、事前にコピーをとっておくと良いでしょう。
> 2. また死別直後などを振り返って影響地図を作成してみても良いでしょう。あなたの過去の影響地図と現在の影響地図を見比べてみれば、その間の気持ちの変化を窺うことができます。
> 3. 〈未来の状況〉シートをまったく埋められない人もいるかもしれません。そんなときはあせらず、取り組めるようになったときに再度挑戦してみてください。
> 4. グリーフマップと同様、このワークでも、あまり見たくない感情や思いが、思いがけず描かれることがあります。その際には、その感情や思いを無理に消し去ろうとするのではなく、「自分はそのように感じているんだ」とそのまま受け止めてみることが大切です。
> 5. 普段は気づかなかった自分の感情や思いを言葉にすることは、グリーフワークにおいて重要です。しかし書き込むことで辛くなったりすることもあります。そのような場合は、いったん作業を中止し、また取り組める気持ちになった際に再開してください。
> 6. このワークは一人だけでも取り組めるものですが、可能であれば、自分の感じている思いや感情を、誰かに聴いてもらえる機会をぜひ作ってみてください。他の誰かから肯定的に話を聞いてもらえるという体験は、自分の感情や思いを振り返り、明日に向かって再構成していく足場となります。

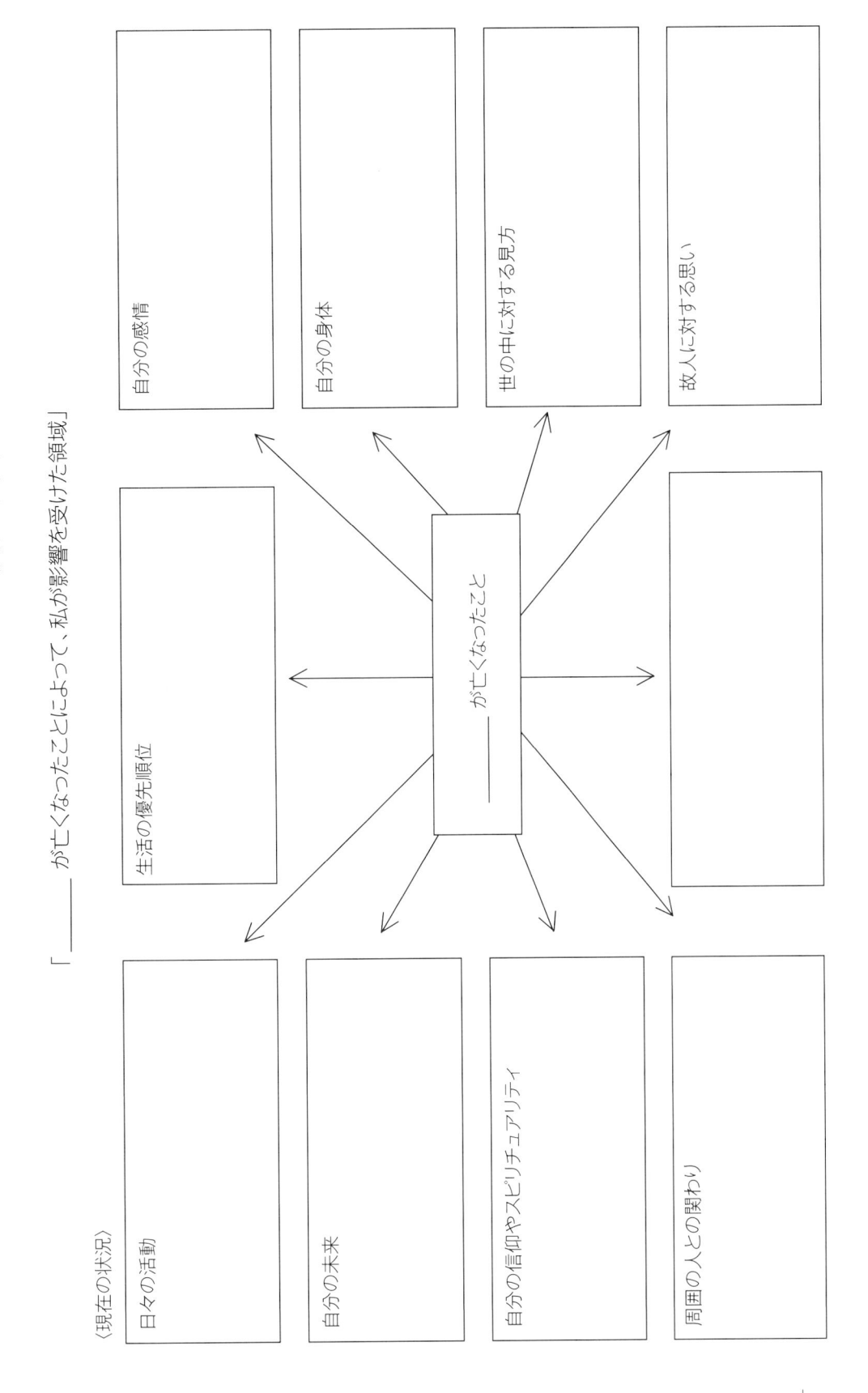

＊継続して実施する場合には、事前にコピーをとっておきましょう。

「_____が亡くなったことによって、私が影響を受けた領域」

| 自分の感情 | 自分の身体 | 世の中に対する見方 | 故人に対する思い |

| 生活の優先順位 | _____が亡くなったこと | |

〈現在の状況〉

| 日々の活動 | 自分の未来 | 自分の信仰やスピリチュアリティ | 周囲の人との関わり |

二章　喪失を外在化する

〈振り返りシート〉

1. 影響を受けた領域の中で、もっともたくさんの事柄が記入されている領域は何ですか。

2. あなたがこれまであまり意識していなかったにもかかわらず、影響を受けていた領域はありますか。

3. 影響を受けていない領域はありますか。

4. 影響を受けた各領域には、どのような関連がありますか。

[_____が亡くなったことによって、私が影響を受けた領域]

- 自分の感情
- 自分の身体
- 世の中に対する見方
- 故人に対する思い

_____が亡くなったこと

- 生活の優先順位

〈未来の状況〉

- 日々の活動
- 自分の未来
- 自分の信仰やスピリチュアリティ
- 周囲の人との関わり

二章　喪失を外在化する

三章　儀　式
―― 故人との関係の学びなおし（1）――

　　1．儀式を企画する

　　2．故人の生きた歴史を探訪する

1．儀式を企画する

　儀式には、とりとめのない感情を整理し、出来事に対する象徴的な秩序を与える機能があります。寺社や教会において提供される形式的な宗教儀礼や儀式への参加は、自らのグリーフに向き合う足場となります。
　とくに葬儀はもっともわかりやすい形の儀式ですが、葬儀を出せない場合や参列できない場合もあります。こうした場合には、個人的に（あるいは少人数が集まって）親しい人だけでのお別れの会や偲ぶ会などを行うこともできるでしょう。
　また公の儀式とは別の形で行う儀式もあります。たとえば家族が集まって故人の好きだった料理を一緒に作って食べることや、故人の誕生日に休暇をとって一日何か楽しいことを行うこともまた、グリーフにおいて重要な儀式の形です。本書の他のワーク、たとえば「故人の伝記をつくる」（p.60〜）や「私の喪失物語」（p.88〜）、「自伝の作成」（p.100〜）の発表会を企画することも、立派な儀式といえます。

　ここでは、あなたが行いたい儀式を企画してみましょう。また実際に儀式を実施した後には、感想を書いてみましょう。

（1）儀式を行うための準備

1．どんな儀式を行いたいのかを考えましょう。公の儀式か、個人的な儀式かをまず考えましょう。なお、お別れの会や偲ぶ会を企画する場合には、〈お別れの会・偲ぶ会を企画する場合に確認しておくこと〉も参考にしてください。

2．儀式の出席者を考えましょう。個人的な儀式の場合には、あなただけが参加する、ということもあるでしょう。

3．もしあなたの他に出席者がいる場合、それぞれの役割は何かを考えましょう。お別れの会の場合などには、司会やスピーチなどの役割も考える必要があります。

4．儀式を開催するために、どのような準備が必要か考えましょう。必要な道具の購入や、会場の予約など、いつまでに何を準備する必要があるのかのリストを別に作成しておくと良いでしょう。

（2）儀式を行った後の感想

1．儀式の中で、何か印象に残った言葉や光景などはあるでしょうか。

2．儀式を行ってみて、あなたの心境に何か変化はあったでしょうか。

3．儀式を実際に行ってみて、いま、どのような印象や感想を持たれているでしょうか。

〈参考：お別れの会・偲ぶ会を企画する場合に確認しておくこと〉

1. 責任者は誰にお願いするか？

2. 場所はどこで行うか？

3. いつ行うか？

4. 出席者は？

5. （お別れの会の場合）葬儀会社などに依頼するか、依頼しないか？

6. 故人の写真を飾るか？　飾るのであればどの写真か？

7. どんなイメージの会とするか？（おごそかか明るくか、シンプルか花などを飾るか、など）

8. スピーチを誰にお願いするか？

9. （お別れの会の場合）宗教者を招くか？

10. どの程度の費用とするか？

11. その他

ワークのポイント

1. お別れの会などの公の儀式を企画する場合、形にとらわれすぎないように注意しましょう。大切なのはあなたがどのような形で故人を悼みたいのかです。
2. 何人かの出席者を伴う儀式を企画する場合には、出席者にとってもよい式となるよう、事前に出席者の希望や思いを聞いておき、それを尊重することも大切です。
3. 個人的に、あるいは少人数が集まって行う儀式の例として、親しい人だけを招いたお別れの会や偲ぶ会以外に、たとえば故人の名前で慈善団体に寄付をすること、自分の結婚式などで故人の席を空けておくこと、墓参りにいくことなども考えられます。
4. 故人への否定的な感情や思い出を象徴する品物を埋葬するということも個人的な儀式になります。

2．故人の生きた歴史を探訪する

　故人の生きた場所や空間、あるいはあなたが故人とともに生きた歴史を再確認する作業は、グリーフの作業を進める上で大切なことと言われています。このワークでは、故人と縁のあった人や場所のリストを作成し、実際に訪ねてみましょう。

（1）探訪のリストを作成する

　ここでは次ページの表を使って、故人と縁のあった人や場所の中で、「会ってみたい人、訪れてみたい場所」を確認しましょう。
　すでに会った人や訪れた場所があれば、それも書いていただいてかまいません。また故人と行った場所だけでなく、故人と行きたかったけれども行けなかった場所を探訪のリストに書いてもかまいません。
　その際、故人と縁のあった人にどんなことを聞きたいのか、あるいはどんなことを語り合いたいのかを、「〈a〉故人と縁のあった人のリスト」に記入してみましょう。また実際にその人に会うために必要な情報（住所や連絡先、会う方法など）についても、分かる範囲でよいので書き込んでいきましょう。場所についても同様に、どんな場所を訪れたいのかを、「〈b〉故人と縁のあった場所のリスト」に書き込んでいきましょう。
　なおシートが足りなくなった場合は、新しいシートを準備してリストに加えてください。

（2）故人とともに生きた歴史を探訪する

　作成した探訪のリストをもとに、優先順位の高い人や場所から、実際に行動してみましょう。訪問が終わったら、(1)で作成した表のチェックリストの列にチェックをつけましょう。そして「〈c〉探訪のまとめ」のところに、どんな話をしたのか、そのときどんな気持ちになったのかを、簡単でかまわないので、書いてみましょう。

〈a〉故人と縁のあった人のリスト　　　　　　　　　　　※用紙が足りなくなりそうであれば、事前にコピーをとっておくと良いでしょう。

☑	優先順位	名前	住所	連絡先	会う方法（電話、メール、直接など）	聞いてみたいこと	会う日にちなど
☐	1）						
☐	2）						
☐	3）						
☐	4）						
☐	5）						

⟨b⟩ 故人と縁のあった場所のリスト

☑	優先順位	施設や土地の名前	住所	連絡先	訪れる方法	してみたいこと	訪問日など
☐	1)						
☐	2)						
☐	3)						
☐	4)						
☐	5)						

〈C〉探訪のまとめ

順番	名前	メモ
1)		
2)		
3)		
4)		
5)		

順番	6)	7)	8)	9)	10)
名前					
メモ					

> **ワークのポイント**
>
> 1. 表に書いたすべての人や場所を訪れなければならないわけではありません。大切なのは、自分のペースでできるところから、はじめてみることです。
> 2. 辛い気持ちが大きくなってきたときは無理をせず、気分転換をしたり、他のワークに取り組んでみるなどしてもよいでしょう。
> 3. 実際に、故人と縁のあった人と会ったり、場所を訪れると、辛い感情や苦しい気持ちが出てくることがあります。それと同時に、故人と縁のあった人から、これまで知らなかった故人の一面を教えてもらうこともあるでしょう。
> 4. 遺された人のグリーフは様々ですので、悲しみに向き合うことよりも、仕事や日々の暮らしのことに専念することでグリーフを経験しようとする人もいます。そのため、あなたが会いたい、話を聞きたいと願っても、「そっとしておいてほしい」「何も話す気にはなれない」と断られる場合もあるでしょう。あるいは自死・自殺への社会的偏見を感じるかもしれません。その一方で、故人の死に対して、あなたと同じ思いを抱いている人と巡り合うかもしれません。

四章　故人との関係性を紡ぎなおす
―― 故人との関係の学びなおし（2）――

1．故人のプロフィール

2．亡くなった、大切な人に手紙を書く

3．故人との関係イメージを絵に描く

4．故人の伝記をつくる ── 周囲とともにつくる故人の物語

1．故人のプロフィール

　故人の人柄、好きだったもの、一番の思い出などを、可能な範囲で結構ですので、記入してみてください。また写真も右の空白の箇所に貼りつけてください。写真を貼りつけたら、余白の部分にいつ撮ったかなどの情報を書き込むと良いでしょう。

〈亡くなった、大切な人について〉

名前	
人柄	
好きだったもの	
一番の思い出	
形見	

〈写真〉

> **ワークのポイント**
>
> 1．故人のプロフィールの中に、まだ触れたくない事柄があるかもしれません。故人の写真を見るととても辛くなってしまうことがあるかもしれません。そんなときはワークをある程度進めていった後で、もう一度このページに戻ってきてもかまいません。
> 2．すべての事柄を書き込む必要もありません。あなたのペースで取り組んでください。

2. 亡くなった、大切な人に手紙を書く

ここでは、生前には故人に伝えられなかったあなたの思いを、手紙に書いてみます。

1. まず下の空白に、下書きを書いてみましょう。〈 〉には宛名を、その下の空白には故人へのメッセージを書いてみましょう。

〈　　　　　　　　へ〉

2．次に手紙の清書を行います。メッセージカードや便せん、封筒などを準備しましょう。そして1．で書いた下書きを清書します。最後に、封筒に入れて「故人に宛てて出した」ことにします。これが故人との文通のきっかけになります。

ワークのポイント

1．感謝や迷惑をかけたことへのお詫びの言葉でもかまいません。その一方で、なかなか人には言えない、故人に対する怒りや自責の念などを書いてもかまいません。普段あまり口にできない思いや考え、気持ちを言葉にしてみることが重要です。
2．手紙を書くことは一度きりでもかまいませんが、命日などの特定の日のたびに手紙を書いてもよいでしょう。また故人からの返信を、あなたが自分あてに書くこともよいでしょう。その際、亡き人に成り代わって、文具店でカードを選び、母の日や誕生日などに、自分に宛てて郵送するとよりよいでしょう。
3．ただし、すべての人が「故人との文通」ができるようになるわけではありません。手紙の下書きを書くことでこのワークを終える人もいるでしょう。まずもって大切なことは、普段はあまり口にできない思いや考え、気持ちを言葉にしてみることです。

3．故人との関係イメージを絵に描く

　このワークでは、あなたと故人とのこれまで関わりについて考えてみてください。

　故人との最初の出会いはどのようなものだったでしょうか。その後、どのような関わりを持ってきたでしょうか。そして、あなたにとって大切なその方が亡くなってしまった今、そしてこれからについても、故人との何らかの関わりをイメージしてほしいのです。

　三枚の絵が描けたら、振り返りシートをもとに、作業を振り返ってみましょう。

> **ワークのポイント**
>
> 1．絵の出来不出来は関係ありません。あなたがイメージするままに、自由に描いてください。
> 2．ここでは「実際に」どのような関係かを描くのではなく、あなたのイメージを率直に描いてみてください。
> 3．必ずしも過去、現在、これからの順番で描かなくてもかまいません。できるところから描いてみましょう。
> 4．故人とのこれからの関係については、たとえば、10年後などと設定してみてから考えると、描きやすいかもしれません。
> 5．すべてのイメージ画が描けたら、3つの絵を並べて見てみてください。あなたと故人との関係が一つの物語として描かれていると思います。

（1）故人が亡くなる前のあなたとの関係

・故人が亡くなる前のあなたとの関係をイメージして、関係を表す絵を次の
　シートに描いてください。
・また、その絵についての説明も付け加えてください。

（2）現在のあなたと故人との関係

・現在のあなたと故人との関係をイメージして、関係を表す絵を次のシートに描いてください。
・また、その絵についての説明も付け加えてください。

（3）あなたと故人のこれからの関係

・あなたと故人のこれからの関係をイメージして、関係を表す絵を次のシートに描いてください。
・また、その絵についての説明も付け加えてください。

〈振り返りシート〉

1．三枚の絵からなる物語はどのような筋でまとめられているのかを確認してみましょう。三枚の絵それぞれをむすぶ、どんなストーリーが生まれてくるでしょうか。下の余白に自由に書いてみましょう。

2．あなたと故人との関係性は、過去、現在、これからと、どのように変化しているでしょうか。あるいは変わらないままでしょうか。絵を見ながら振り返ってみましょう。

3．絵と絵のあいだにつながりが見られない部分はあるでしょうか。あると
　すれば、それはどれとどれのあいだでしょうか。

4．三枚の絵を眺めてみて、どんな感情や思いが生じますか。自由に書いて
　みましょう。

4．故人の伝記をつくる ── 周囲とともにつくる故人の物語

　このワークでは、故人の人生が持つ意味、すなわち故人がこの世に生を受けてからどのような人生を歩んできたのか、そのことの意味を見つけ出すことを目指します。
　伝記を作成する方法として、自分の記憶を振り返って作成する方法もありますが、ここでは様々な資料を集めたり、故人と関わりのあった人への聞き取りを通じて、故人の伝記を作成することに挑戦してみましょう。

ワークのポイント

1．一般的な形としては、出生地や生年月日などの情報、生まれてから亡くなるまでの特徴的な出来事、故人と関わりのある公的な文書や新聞記事などをまとめたものとなります。
2．伝記を作成するために必要な資料として、あなた自身の記憶の他、日時や場所といった客観的な情報、故人と関わりのあった人の印象などの情報もあります。できる限り多様な情報を得て、伝記を作成しましょう。
3．故人の人生すべてを網羅することは困難ですので、ある程度の妥協は必要です。取り組める範囲で作業しましょう。
4．映像編集についての知識があるようでしたら、写真やビデオを編集して、映像による伝記を作成してもよいでしょう。ただし故人に縁のあった人々にインタビューする際に、ビデオを用いると抵抗をもたれて断られることがあるかもしれませんので、注意が必要です。
5．周囲の人への聞き取りがきわめて難しい場合や、まずは自分の記憶を整理したいと思われる方もいるでしょう。その場合は、まずは一人で、亡くなった方の伝記を作ってみてもよいでしょう。

(1) 伝記を作成する方法を考える

　まず故人の伝記を作成するにあたり、あなたがどんな伝記を作りたいのかを考えましょう。
　まずは伝記のイメージです。下の空白に、どんなイメージのものを作りたいのか、自由にかいてみてください。

〈伝記のイメージ〉

例）一冊の本のようなもの。故人の笑顔があふれた写真と、友人からのメッセージで構成したい、など。

(2) 具体的な資料の候補やインタビューの相手を選ぶ

どんな資料を参考にするのか、またどんな人からの話を聴く必要があるのか、下のリストに記入しながら考えてみましょう（「故人の生きた歴史を探訪する」の「故人と縁のあった人のリスト」(p.43) を活用してもよいでしょう）。表のマスが足りない場合は、適宜別の用紙を使用してください。

〈具体的な資料やインタビューの候補リスト〉

伝記の内容	関連する資料や、話を聞ける相手	情報の入手場所・連絡先	優先順位
例）故人の趣味だったバンドでの様子	（1）当時のバンド仲間 （2）コンサートのパンフレット	（1）090-×××-××× 　　（故人の携帯に登録あり） （2）手元にある	2 3
例）小学校時代の故人	（1）当時の恩師 B 先生 （2）故人の親友 A さん	（1）故人の親友 A さんに尋ねてみる （2）090-×××-××× 　　（葬儀時の芳名録に記載あり）	4 1

伝記の内容	関連する資料や、話を聞ける相手	情報の入手場所・連絡先	優先順位

(3) 資料を集める

リストができたら、今度は実際に資料を集めましょう。

すぐに手に入るものもあれば、手に入りにくいものもあるでしょう。誰かに話を聴く計画を立てた場合も、容易にコンタクトのとれる相手もいれば、そうでない場合もあるでしょう。

下の表に、あなたが集めた資料をメモしておきましょう。

資料の内容	情報源	関連資料の有無
例)「小学校時代の故人はほんとうにやんちゃで、よく先生を困らせていた。修学旅行のときには…」	故人の親友Aさん	当時の写真のコピー

資料の内容	情報源	関連資料の有無

　インタビューで聴いた内容は、後で資料として使えるように、このメモ欄とは別に、丁寧なメモを取っておくとよいでしょう。また、故人の写真や学校で作成した作品、賞状といった個人的なものから、故人と関わりのある新聞記事などの公的な文書まで、幅広く探してみるとよいでしょう。

　なお資料を収集する際には、資料の所有者が誰かも十分確認しておきましょう。とくに故人の友人からもらった写真や手紙を、あなたが伝記の形でまとめて、別の他の人に見せる場合などには注意が必要です。もし公にすることを考えているのであれば、相手からきちんと了解を得ておかなければなりません。

(4) 物語の筋を考える

　資料が集められたら、どんな物語の筋や章立てで、それらをまとめるか考えてみましょう。物語といっても、難しく感じる必要はありません。要するに、映画や小説などのように、故人の人生を一つのストーリーに仕立てていけば良いのです。なお伝記の構成例として、「自伝の作成」(p.100) を参考にしてもよいでしょう。

〈伝記の構成案〉

```
タイトル「                              」

章立て

1.

2.

3.

4.

5.

6.

7.

8.
```

なお集めた資料やインタビューで、これまで知らなかった、故人の意外な側面が明らかになった場合、その意外性を大切にするとよいでしょう。1つの筋だけで故人の人生を語りつくそうとすると、どこかで無理が生じます。人生というものはそもそも様々な見方によって構成されていますので、複数の人に話を聴けば、矛盾する内容が出てくることもよくあります。無理につじつまをあわせようとしないで、故人の人生を立体的に捉えられるような伝記を目指しましょう。

　また筋立てを考える際、この伝記の読者、つまり宛名を考えることも大切です。一般の読者に公にすることはなくても、思い出を聞いた人々や家族、少人数の友人などには、伝記を見せたり、配布するかもしれません。自分が納得する筋を見つけることも大切ですが、自分以外の読者に宛てて書くことで、故人の人生を、少し距離を持って眺めることができるでしょう。

（5）伝記の作成

　先に考えた物語の筋に沿って、これまで集めてきた資料をまとめましょう。
　次ページの表を使って、下書きと具体的なレイアウトを考えましょう。

章立て	内容	添付する写真や資料など
例 1章「出生」	Bは、19××年12月○日、雪がしんしんとふる夜、H県D市に、○○家の長男として誕生した。出生時の体重が3000グラムの元気な赤ちゃんで…	・写真A（出生時の写真）（母親より）・資料（出生届のコピー）

添付する写真や資料など			
内容			
章立て			

章立て	内容	添付する写真や資料など

章立て	内容	添付する写真や資料など

伝記の下準備ができたら、故人の性格や好みをよくあらわした用紙とカバーを準備しましょう。

また用紙に下書きした内容を清書（もしくは印刷）しましょう。そして、写真や文章、記事なども貼りつけていきましょう。最後に本のカバーと用紙をつなげましょう。

故人の生きた証が、あなたの手元にあるはずです。

（6）発表会

あなたが作成した故人の伝記を、発表する会を企画しましょう（発表会以外の方法として、伝記本の出版なども考えられます）。

この伝記作成に協力してくれた人や故人と関わりのあった人、あるいはあなた自身がお世話になっている人などを招きましょう。参加者のリストをつくり、座席を決め、どのように発表するか（読み上げるか、参加者の人数分準備して読んでもらうか、など）を考えましょう。

大勢を招く必要はありません。本当に親しい人数名（場合によっては、心を許せる一人）に、あなたが伝記を作成してきた経緯を聴いてもらい、完成した伝記をともに分かち合うことができればそれでよいのです。

最後に、参加者からもらった、あなたの努力を称える言葉、あるいは、ねぎらいやうれしかった言葉、を書き留めておきましょう。

〈あなたを称える言葉〉

五章　新たなストーリーを生きるための
　　　コミュニティを創造する
――　世界の学びなおし（2）　――

1. 私を支えるチームメンバーシップの確認
　　　―― あなたを応援する人々を確認しよう！

2. 自助・支援グループに参加してみる

3. 社会に働きかける仕事に取り組む

1．私を支えるチームメンバーシップの確認
── あなたを応援する人々を確認しよう！

（1）サポートの種類と当てはまる人たち

　次ページの表を使って、あなたを支えてくれる人たちを確認してみましょう。
　その際、どのように支えてくれるかについて、情緒的サポート（例としては、気持ちをわかってくれる、そばにいてくれる、など）、道具的サポート（自助グループへの送り迎えをしてくれる、家事を代わりにやってくれる、など）、情報的サポート（良い司法書士を紹介してくれる、役に立つ書籍を教えてくれるなど）のタイプ別に書いてみましょう。
　書き方については例（友人のAさん、夫、かかりつけ医）の行を見てみてください。あなたの周りの人全員を書く必要はありません。支えてもらっていると感じている人のみ記入してください。なおメンバーは必ずしも実在の人物である必要はありません（故人や空想上の人物でもかまいません）。またご自分で加えたいサポートのタイプがあれば一番右の列に書き加えてください。

> **ワークのポイント**
>
> 　ここでは、傷つけられたことや、本当はしてもらいたいにもかかわらず、してもらっていないことは書かないでください。あくまであなたを支えてくれる人のみを書くようにしてください。

	情緒的サポート	道具的サポート	情報的サポート	
例）友人のAさん	気持ちをわかってくれる		良い司法書士を紹介してくれる	
例）夫	そばにいてくれる	自助グループへの送り迎えをしてくれる		
例）かかりつけ医		役に立つ書籍を教えてくれる		
1）				
2）				
3）				
4）				

五章　新たなストーリーを生きるためのコミュニティを創造する

情報的サポート						
道具的サポート						
情緒的サポート						
	5)	6)	7)	8)	9)	10)

（2）メンバーシップを描く

　上で確認した、あなたを支えてくれる人のリストを使って、さらに、あなたを支えるメンバーシップを図で描いてみましょう。

　下には、同心円状に描かれた図があります。「あなた」を中心に、(1) の表で記入した人を書き込んでください。その際、あなたにとって重要だと思う人は、あなたに近いところに、反対に支えてもらってはいるが、あなたにそれほど重要ではない人は外円に近いところに、それぞれ記入してください。

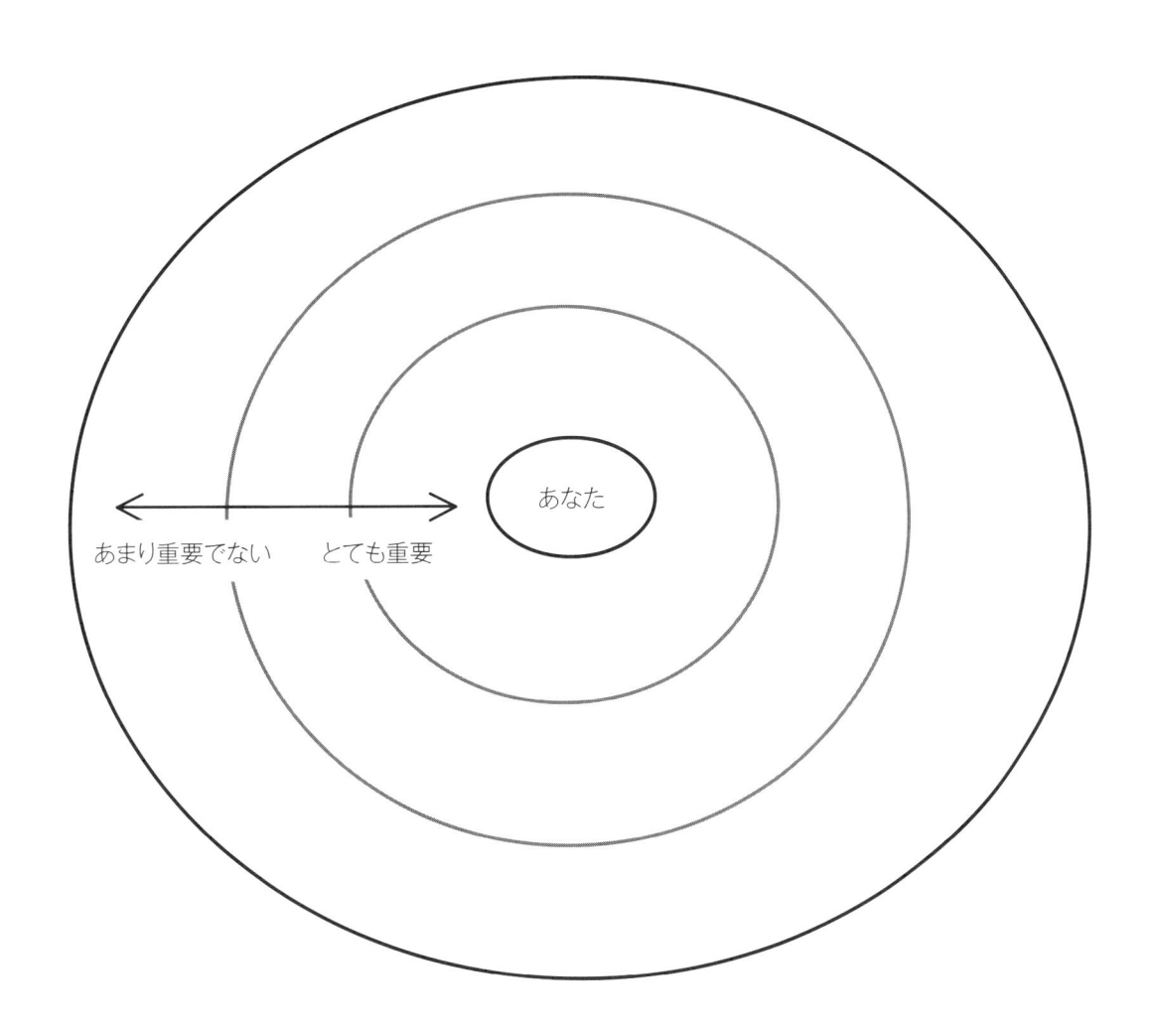

あなた

あまり重要でない　　とても重要

2．自助・支援グループに参加してみる

　地域によっても異なりますが、最近では複数の自助・支援グループができており、グループによって特色が異なっていたりします。ここでは自助・支援グループの情報を収集すること、そして実際に参加してみることを行います。

（1）自助・支援グループの情報を収集する

　まず下のシートを利用して、自助・支援グループの情報を収集してみましょう。名称（代表者）、開催場所、連絡先に加えて、開催が不定期の場合もありますので、いつ行っているのかについても確認しましょう。「序章　グリーフという旅に出る前に」の参考情報も参照してみましょう。

> **ワークのポイント**
>
> 1．自死に限定しているものか、それとも他の死（病死、事故死など）にも開かれているのかも確認しておきましょう。あわせて亡くなった方の続き柄などでグループへの参加を限定している会もありますので（たとえば、自死で子どもを亡くした親のグループなど）、確認しましょう。さらに遺族のみで運営しているグループ（自助グループ）か、それとも行政や医療機関などが主催しているグループ（支援グループ）かも確認しておきましょう。
> 2．HPや広報に掲載された情報だけでは分からないことも多々あります。その場合は代表者や窓口となっている機関に問い合わせを行い、参加する前にしっかり確認しておきましょう。事前にこれらの情報を確認しておくことで、「自死遺族だけの集まりかと思った」「自助グループかと思ったら、行政スタッフがいた」などの食い違いによる傷つきを減らすことができます。

名称（代表者）	開催場所	連絡先	開催日時	付記（参加条件など）

(2) 自助・支援グループに参加し評価を行う

先に情報を収集した自助・支援グループの中から、あなたが参加可能なグループを選んで実際に参加してみましょう。ただしあなたが希望する形態のグループがなかったり、あるいは開催場所へのアクセスが極端に不便である場合などは、無理をしないことも大切です。

1．実際に参加してみた感想はいかがでしょうか。下の空欄に感想を自由に書き込んでみましょう。

1回目
グループ名：
参加日時：
感　　　想：

2回目
グループ名：
参加日時：
感　　　想：

2．あなたがグループに求めているもの、そしてグループに参加することで得られたものを整理してみましょう。

下の表を使って、グループに対して求めているものと、そこで得られたもののそれぞれについて、該当するものに○、該当しないものに×をつけてみましょう。なお継続して記録をつけることで、自分の気持ちの変化やグループの特徴を把握することができます。その場合は、下のリストを事前にコピーしておくと良いでしょう。

	グループに求めているもの	グループで得られたもの
例）自分とよく似た悩みや経験を持つ他の参加者に出会い、自分は一人ではないと感じられること	○	×
1．自分とよく似た悩みや経験を持つ他の参加者に出会い、自分は一人ではないと感じられること		
2．普段は話せない話題（故人に対する怒りや他人への失望感、自殺念慮、負担からの解放感など）について口にすること		
3．他の人から非難されることも、また他の人を非難することもなく、お互いの気持ちに寄り添えること		
4．他の参加者が問題を解決するのを手助けすること		
5．遺されたものとしての経験（遺品を片付けた、カウンセラーに相談した、など）を参加者同士で共有すること		
6．様々な意見を交換することで、自分や他人の信念について深く考えられること		
7．他の参加者に対して何かを求めたり、期待を持つことを通じて、お互いに助け合えること		
8．グループに参加することが、困難な状況や人に対応する方法を学ぶ機会となること		
9．親しい人の自死という経験を、不十分なメンタルヘルス対策、自殺対策の資金不足、うつ病や自殺への偏見といった、社会的な問題とむすびつけること		

	グループに求めているもの	グループで得られたもの
10. 社会的な活動に参加し、自分の意見を主張すること		
11. その他（　　　　　　　　　　　　　　　　　）		
12. その他（　　　　　　　　　　　　　　　　　）		

3．社会に働きかける仕事に取り組む

　自分の経験を誰かのために役立てたい、自分と同じような辛い経験を他の人がしないですむような社会にしたいと思うことがあるかもしれません。ここでは、あなたが取り組みたい活動について確認してみるワークに挑戦してみましょう。

　まず次ページの表を使って、まずあなたが挑戦してみたいことを記入してみましょう。またその理由と実現するために必要な工夫についても記入しましょう。さらに自分一人では実現が難しい場合に、支えてくれる人や機関がないかも確認して、記入してみましょう。その他、確認すべき事柄や解決すべき課題がある場合には、付記の空白を活用してください。

ワークのポイント

1. すべての人が社会に働きかける仕事に取り組む必要があるわけではありません。故人が亡くなってから数か月で社会に働きかける仕事に取り組みたいと思う人もいれば、全くそのような気持ちにならない人もいます。
2. 社会に働きかける仕事とは、社会運動や新しいグループの立ち上げといった行為のことだけを指すのではありません。家族や友人といった身近な人に対して自分ができることを行うことや、辛い思いを抱えた誰かの話をただ聴くこと、あるいは寄付や研究協力という形で社会と関わることもまた、新しいストーリーのコミュニティを創造する重要な行為です。大切なのは、自分のできるところから社会に対して能動的に関わることなのです。
3. あなたが行動に出ようとするとき、様々な人との関わりに目を向けてみましょう。あなたの行動を称賛し手助けする人もいれば、忠告を口にする人や、考えを変更するように促す人もいるでしょう。あなたの行動を否定する人もいるかもしれません。周りからの非難や中止の要請にあったら、まずはあなたの思いを大切にするべきです。しかし同時に、故人の思いや生きた証をどう引き受けるか、そして遺されたこの世界で周囲の人とどう生きていくかを考えることも大切でしょう。明快な答えは出てこないかもしれませんが、そんな時はあわてず、じっくりと自分には何ができるかという問題に向き合ってみてはどうでしょうか。

挑戦してみたいこと	理由	実現するための工夫	支援	付記
例1 自助グループの運営	今辛い思いをしている人の支えになりたい。 自分が経験した辛い思いを他の人と共有したい。	グループの理念と自分の思いの一致。 家族や周りの人たちの理解 時間や金銭面の融通。	グループ運営者の理解。 相談できる、かかりつけ医	そんなところにいってどうするの？という家族の反応がある。 もう少し時間が経ってから運営には関わった方がいいとのアドバイスを受けた。
例2 子ども達と亡き人のことを話せるようになりたい	他の家族メンバーの悲しみや辛さを和らげたい。 以前のように笑いの絶えない家族になりたい。	無理強いはしない。 辛さだけではなく、最近の楽しかったことや、馬鹿な話もする	私のことを気遣ってくれる子どもたち。 信頼できるカウンセラー	ほとんど会話がなくなってしまった夫。 毎日ヘトヘトになるまで働いていて、ゆっくり子どもとはなせる時間がない。

付記		
支援		
実現するための工夫		
理由		
挑戦してみたいこと		

付記		
支援		
実現するための工夫		
理由		
挑戦してみたいこと		

六章　自分の人生を語りなおす
―― 自己の学びなおし（2）――

　　　　1．私の喪失物語

　　　　2．ライフライン

　　　　3．自伝の作成

1．私の喪失物語

　ここでは、大切な人を自死で亡くされた経験によって、あなたが喪失したもの（大切な人、これまでの生活、人間関係など）についての物語を書いていただきます。

（1）物語を書く

(a) 物語を書く前に ── 注意事項
- ここでは、あなた自身が主人公の物語を書いていただきます。本や映画、演劇などの中心人物が主人公という前提です。
- 必ず「三人称」で書いてください。つまり第三者の立場から、あなたのことを、彼もしくは彼女として記述してください。その際、主人公のもっとも良き理解者、たとえばあなたの親友の立場から書くとやりやすいでしょう。
- 人生すべてを記述することは不可能です。喪失に関係のあることに絞って書いてください。

(b) 下書きの作成
- まず次ページの空白や別の用紙を使って、下書きを書いてみましょう。
- 字数も表現も、あなたの自由です。ただし、はじめから長い物語を書くのはなかなか大変です。まずは短い物語を書いてみると良いでしょう。
- 「物語」が全く思い浮かばないようでしたら、絵本や小説、映画などを参考にしてもいいでしょう。とくに下記の絵本は、このワークに取り組む上で参考になると思います。

- 『くまとやまねこ』（湯本香樹実（作）、酒井駒子（絵）、河出書房新社）
- 『わすれられないおくりもの』（スーザン・バーレイ（作・絵）、小川仁央（訳）、評論社）

〈下書き〉

(c) 物語の完成

・物語の下書きを終えたら、文章の表現や構成を推敲してみましょう。可能であれば、この段階で誰かに聴いてもらってもいいでしょう。
・出来上がった物語を清書（もしくは印刷）しましょう。お気に入りの色や柄を使った厚紙などで挟めば、物語が一つの本となります。
・喪失物語を書いたことについて、振り返ってみてください。
・最後に、完成した物語の発表会を企画しましょう。発表会は、大勢を招く大げさなものではなく、あなたにとって心許せる人だけを招いた会がよいでしょう。また可能であれば「聴衆」にコメントシートに記入してもらいましょう。

ワークのポイント

1. 自分自身のことを対象化して見つめることは難しいものです。そのためこのワークでは、自分自身の喪失経験を、距離を持って眺められるように三人称で物語を書くようになっています。
2. 経験を言葉にして書いてみることは、人によって意外と難しく感じることもあるかもしれません。そのような場合は、はじめから完璧な文章や表現を目指すのではなく、書ける部分から取り組む、あるいは自分の使える表現で記述してみてください。
3. 物語を書くうちに、これまであまり意識していなかった感情や思い、避けていた事柄が浮き彫りになることもあります。あるいは大切な人が亡くなった直後のことや、これまでの苦労が鮮明に思い出されて、辛く苦しくなってくることもあるかもしれません。その際も、三人称で物語を書くことによって、そうした感情や思いと距離を保つことができます。
4. 一方で、物語を書き進めていくうちに、辛い気持ちが大きくなってきた場合は、休憩をとったり、あるいは少し時間をおいてまた取り組むなど、自分のペースで取り組んでください。
5. 完成した物語を発表する際に大切なことは、誰かに自分の作成した物語の証人になってもらうことです。したがって誰かに直接会って物語を発表することが難しければ、物語を読んでもらい感想をもらうことでもかまいません。

（2）振り返り

1．この物語の主人公の目には、この世界がどのように映っているでしょうか？

2．物語がどのような筋でまとめられているのかを確認してみましょう。また物語が変化している部分や、つながりが見られない部分（断絶）があるかも確認してみましょう。

3．似た状況で繰り返されている言葉を探してみてください。これらは何か重要なテーマを示しているかもしれません。

4．物語を声に出して読んでみましょう。その際、自分がどこにアクセントをつけているのかを確認してみましょう。またあなたが重要と感じる文章を幾通りかに読み分けてみましょう。異なる解釈ができるかもしれません。

5．この主人公が信じている世界や自己意識は、この喪失経験によってどのように変わったでしょうか。また主人公がこの喪失に適応することを支えているのは何（人やもの）ですか。どんな方法で支援しているでしょうか。

6．なぜこのような喪失を経験しなければならないのかという質問に対して、この人物はどのような答えを見つけましたか？　またその答えは時間の経過とともに変化しましたか？

〈コメントシート〉　　　　　　　　※複数の人に書いてもらう際にはコピーして使用してください。

喪失の物語を聞いて、感じたことを下の質問に沿って書いてください。

１）何がもっともあなたの注意を引きましたか？　何があなたの琴線に触れましたか？

２）そこから、あなたはどんなイメージや光景を思い浮かべましたか？

３）あなたがそこに注意を引かれた理由は何でしょうか？

4）この喪失物語を知ったことは、あなたにどんな変化をもたらしましたか？

5）この喪失物語を知らなかったらおそらく考えなかった（あるいは行わなかった）ことは何でしょうか？　また、この喪失物語について考えてみて、あなたは何か気づいたことがあるでしょうか？

2．ライフライン

　よく人生は川の流れや道というメタファー（隠喩）で言い表されます。ここでは、あなたがこれまで歩んできた人生を曲線で表現するワークに取り組みます。

■ワークの流れ

1．まず現在のあなたの年齢を、シート（p.98）真ん中あたりの（　歳）という箇所に書き込んでください。
2．次にシートの中央に、あなたの誕生（0）から現在の年齢に至るまでのライフラインを描いてください。誕生から現在までをたどっても、現在から過去に遡ってもかまいません。
3．その際、プラス感情を伴うのならば＋領域に、マイナス感情を伴うのならば－領域に線が描かれるようにしてください。最良の感情を伴うなら100、最悪なら－100として図示します。平穏か、両価的なら0（中間）にします。
4．ピーク（上がっているところ）と落ち込み（下がっているところ）に着目して、それぞれの年齢と、具体的にどんな出来事を経験したのかを書いてください。
5．次に現在から未来までの曲線を描いてください。そして今後にあなたが経験すると思われる出来事とその年齢についても書き込んでください。
6．書き終わったら、どんなライフラインを描いたのか、またピーク（一番下がっているところ、一番上がっているところ）にはどんな出来事を書いたのかを確認してください。
7．可能であれば、誰か信頼できる人に、自分のライフラインを見せて説明してみてください。
8．振り返りシートを使って、ワークを振り返ってください。

> **ワークのポイント**
>
> 1. 未来の出来事に関しては、これから起こることですので、どのような内容を書いていただいてもかまいません。ただし、できる限り、あなたにとって望ましい出来事を考えて書いてください。
> 2. あまり思い返したくなかった出来事を思い出すことで辛い気持ちが高まることがあるかもしれません。その際には、少し中断してから再度挑戦してみるのもいいでしょう。
> 3. 日を改めて繰り返してもかまいません。その場合は、事前にコピーをとっておくと良いでしょう。実際、人生は「たった一つの線」だけで表されるわけではありません。違う見方をすれば、また違う曲線が描かれるでしょう。複線や伏線があり、人生を振り返るその都度、人生のいくつかの出来事が、一つのつながりを持ったものとして浮かび上がってくるのです。
> 4. このワークは基本的に、遺された方の人生の曲線を描くものですが、医療従事者などの専門家の立場でこのワークに取り組む場合は、専門家としての人生曲線を描いてもかまいません。

＊継続して実施する場合には、事前にコピーをとっておきましょう。

100

0

−100

（　　）歳

出来事

〈振り返りシート〉

1．あなたの大切な人が亡くなった出来事は、あなたの描いた人生（ライフライン）の中では、どのような位置づけになっていたでしょうか。

2．あなたのライフラインでは、一番上がっているところ、一番下がっているところにはどんな出来事が書かれていますか。ここから、何があなたの感情を左右しているのかを考えてみてください。

3．ライフラインを描いてみた感想を自由に書いてください。

3．自伝の作成

　ここでは自分の一生を一冊の「本」に喩えてみましょう。以下のワークを通じて、あなたの伝記、すなわち自伝がまとめられるはずです。自伝がまとめられたら、出来上がったものを清書し、ぜひお気に入りの用紙やカバーを使って一冊の本として仕上げましょう。最後に、完成した物語の発表会を企画してみましょう。

（1）自伝の作成

(a) 人生の章立て

　まず、あなたの人生を一冊の本に見立ててください。そして、あなたの人生の各部分を本の章として考えてください。あなたの人生は現在進行中ですが、それでもこれまで数多くの出来事を経験してきたことと思います。

　あまりに多くの章に分かれる、あるいはその反対に全く分けられないと思われる人もいるかもしれません。ただしこのワークでは、少なくとも2、3個、多くとも7、8個の章に分けるようにしてください。

　いくつかの章に分けられたら、それぞれの章に名前をつけ、章の紹介を簡単に書き込んでください。章の名前は「　」内に、章の紹介はその下の空白に書き込んでください。

　人生のすべてを記述することは困難です。まずは人生のアウトラインを描いてみることが大切です。

① 「   」

② 「   」

③ 「   」

④ 「　　　　　　　　　　　　　　　　　　　　　　　　　　　」

⑤ 「　　　　　　　　　　　　　　　　　　　　　　　　　　　」

⑥ 「　　　　　　　　　　　　　　　　　　　　　　　　　　　」

⑦「   」

⑧「   」

(b) 鍵となる出来事

　次に、あなたの人生にとって鍵となる出来事について、確認しましょう。下のそれぞれの質問に対して答えてください。

① あなたの人生にとって最高の瞬間はいつですか？　その時の状況を書いてください。

② あなたの人生においてどん底の経験は何ですか？

③ あなたにとっての人生の転機は？

④ あなたが覚えているもっとも古い記憶は？

⑤ 子ども時代の重要な出来事は？　良い出来事でも悪い出来事でもかまいません。

⑥ 青年時代の重要な出来事は？　良い出来事でも悪い出来事でもかまいません。

⑦ 成人時代の重要な出来事は？　良い出来事でも悪い出来事でもかまいません。

⑧ その他の重要な出来事は？　良い出来事でも悪い出来事でもかまいません。

(c) 重要な人々

　あなたにとってもっとも重要だと思う人を4人挙げてください。ただし<u>そのうちの1人はあなたがこれまで直接かかわったことのない人（たとえば著名人や過去の偉人など）</u>にしてください。またそれらの人々とどのような関わりがあり、どのような影響を受けたのかも教えてください。最後にあなたの人生において、ヒーローもしくはヒロインとなる人がいれば書いてください。

①「　　　　　　　　　　　　　　　　　　　　　」

②「　　　　　　　　　　　　　　　　　　　　　」

③「   」

④「   」

あなたの人生における、ヒーローもしくはヒロイン（すでに挙げた４人に含まれるようであれば、名前のみを記入してください。）

「   」

(d) 将来の台本

　これまであなたの人生の過去そして現在について少しばかり振り返ってきました。ここでは、人生をもう少し先の未来にまで拡張してみましょう。

　私たちは誰でも、未来についての夢を描いたり、計画を立てたりするものです。それは常に変化するものですが、一方でその夢や計画が、私たちの人生に対して、目標や希望、願望をもたらしてくれます。

① あなたが現在思い描いている夢や将来の計画はなんですか？

② その夢や将来の計画が、あなたやあなたの周りの人たちにとってどのような影響を与えるでしょうか。

(e) ストレスと問題

　私たちは日々様々なストレスにさらされて生活しています。

　現在あなたが抱えているストレスや問題を、2つ挙げてください。そして、それぞれの特徴や性質について書いてください。その上で、今後、その問題に対して、あなたがどのように取り組もうと思っているのかを解説してください。
（ワーク「苦痛耐性スキル」（p.14）にも挑戦してみてください。）

　① ストレスや問題（1）

　② ストレスや問題（2）

(f) 個人的信念

　私たちは「人生とは何か？」という問いを考えるときに、何らかの個人的信念を抱くものです。人によっては特定の宗教を信仰し、その教義が個人的信念を形作っているかもしれません。あるいはそうした信仰はなくとも、日本人の多くが自然に対して崇拝や畏怖の念を抱いたりします。

　ここでは政治的な信念や、根源的な生きる意味とともに、そうした個人的な信念について、あなたの考えを書き込んでください。

(g) 人生の主題

　これまでのワークを通じて、あなたの人生が一冊の本としてまとまりました。最後にこれまでの作業を振り返ってみて、本のタイトルともいうべき、あなたの人生の主題を名づけてください。

（2）自伝を一冊の本として仕上げる

・出来上がった自伝を清書（もしくは印刷）しましょう。その際、お気に入りの絵柄や色、手触りの紙を利用すると、より良いでしょう。またお気に入りの色や柄、素材を使った厚紙などで挟んで綴じれば、自伝があなたらしい一冊の本として完成します。
・可能であれば、関連する写真やイラスト、そのほかの資料など、あなたが書いた自伝をより豊かにする素材も、挿絵や関連資料として取り入れると良いでしょう。

（3）自伝を発表する

・完成した自伝の発表会を企画してみましょう。大勢を招く大げさなものではなく、あなたにとって心許せる人だけを招いた会がよいでしょう。場合によっては、たった一人に、作成した自伝を見せるということでもかまいません。
・発表会を企画するにあたっては、参加者のリストをつくり、座席を決め、どのように発表するか（読み上げるか、参加者の人数分準備して読んでもらうか、など）を考えましょう。
・最後に、参加者からもらった、あなたの努力を称える言葉、あるいは、ねぎらいやうれしかった言葉、を書き留めておきましょう。

〈あなたを称える言葉〉

ワークのポイント

1. 最初からすべての質問に答えることは難しいものです。完璧を目指すよりも、まずはできるところから取り組みましょう。
2. いつまでに完成させなければならないという期限はありません。あなたのペースで取り組んでください。
3. 書き込むスペースが足りなければ、別の用紙を準備して、取り組んでください。
4. あなたの人生が一冊の本としてまとまった後、大切な人が亡くなったことが、人生の中でどのように位置づけられているのかについても考えてみましょう。
5. すべての人が自伝を完成させ、発表会を開くことができるわけではありません。人によっては、自伝を本書に書き込んだだけでこのワークを終える場合もあるでしょう。ただその場合も、作成した自伝のことを誰かに聞いてもらうとよいでしょう。あるいは、自伝を出版という形で発表することもあるでしょう。

終章　旅の途上で

1．旅の途上で
　　── 写真で締めくくる、ひとまずの旅の終わり

2．次の旅に向けて

1．旅の途上で ── 写真で締めくくる、ひとまずの旅の終わり

　ワークブックは、ここでいったん終わりを迎えようとしています。もちろんグリーフという旅は一生涯を通じて終わることのないものです。むしろひとまずの休憩地点までたどり着いたと言えるのかもしれません。

　辛く苦しいけれども、その一方で得るものも大きな旅だったのではないでしょうか。一つ一つのワークに対して、あなたなりに一所懸命向き合ったことは、着実にあなたの糧となっているはずです。「私のグリーフの木」もあなたのこれまで辿ってきたグリーフプロセスを祝福していることでしょう。

〈タイトル　　　　　　　　　　　　　　　　　〉

〈写真〉

　　　コメント：

あなたは今、どのような気持ちや思いを抱いているでしょうか。いまのあなたの心のあり様をもっともよくあらわす写真を１枚撮ってみましょう。被写体は人物でも、動物でも、風景でも何でもかまいません。
　写真がとれたら、プリントして前ページ下の空白に貼りつけましょう。そして短いタイトルとコメントをつけてみましょう。

２．次の旅に向けて

　グリーフはよく旅に喩えられると、このワークブックの冒頭で説明しました。ワークブックとともに経験してきたこの旅は、ひとまずの終わりを迎えました。しかし、それは新たな旅の始まりでもあります。

　すべてのワークをやり終えた達成感を感じている人もいれば、ほとんどのワークに取り組むことができなかったことを残念に感じている人もいるかもしれません。それでも、あなたなりに一所懸命このワークに向き合ったことは祝福されるべきものです。
　繰り返しになりますが、すべてのワークに取り組む必要はありませんし、まったく取り組めなかったことに落胆する必要もありません。また次の旅では、今回は取り組めなかったワークにも取り組めるかもしれません。あるいは、次の旅において、また同じワークに取り組んでも、そこでの内容は大きく変わってくるかもしれません。

　グリーフという旅、それは人生そのものなのかもしれません。
　大切なのは、あなたのペースで、グリーフという旅に出ることなのです。

第2部　解説編

1．グリーフとは何か

（1）本書におけるグリーフの意味づけ

　グリーフ（grief）とは、一般的には死別や大きな喪失後に経験する様々な反応のことを指します。たとえば、激しい怒りや悲しみなどです。しかし最近では、こうしたいわゆる情動的な反応以外の側面もグリーフに含まれると指摘されています。

　たとえばウォーデン（Worden, 2008/2011）はグリーフを反応の側面からのみ捉えることに反論し、後述するように死別後に残された人々は複数の課題（task）に取り組むとして、その能動的な行為をグリーフとして位置づけました。またアティッグ（Attig, 1996/1998）はウォーデンの見解を取り入れつつ、さらに遺された人々が、それぞれの人生や他者との関係性、そして世界における自分自身の関わりを「学びなおす（relearning）」プロセスとして、グリーフの能動的な側面を取り上げています（なおアティッグ（1996/1998）は一般的な意味のグリーフと区別して、能動的な側面を強調する用語としてグリーヴィング（grieving）を提唱しています）。またニーマイアー（Neimeyer, 2002/2006）は、遺された人々は意味の再構成に従事するのであり、そのプロセスこそがグリーフであると強調しています。こうした様々な識者たちの主張に共通するのが、グリーフは情動的な反応に留まるものではないこと、むしろ死別後の世界をどのように生きていくのかという能動的、主体的な側面を重視しているという点です。

　ただし同時に、本書では遺された人々を取り巻く社会的状況にも目配りをしています。これは、人が主体として生きていく上で、重要な他者や、その人が置かれている社会、文化、歴史的な文脈との関わりが欠かせないからです。たとえば死別の経験をどのように意味づけるのかは、遺された人の性格や、亡くなった人の年齢や関係性、亡くなり方といった直接的なこととの関わりからのみ捉えられるものではありません。故人や遺された人が生活していた／している地域社会との関わり方や、日本社会が死や自死・自殺をどのように捉えているかといった文化歴史的な要因までが絡まり合って、死別の意味づけに影響を及ぼしています。加えて、大切な人が亡くなったということだけが問題となるのではありません。家族間の関係性や故人を介して付き合っていた人たちとの関わり方も大きく変わるでしょう。それまで思い描いていた人生設計を見直さなければならなくなるかもしれません。自分の生き方やこの世界に対する見方も大きく変わってしまうかもしれません。

本書のワークでは、故人との関係や自分自身の考え方、あるいは自分が関わる様々な社会的状況を振り返ることで、遺された人が能動的にグリーフに従事することを促すようにデザインされています。

（2）グリーフのプロセスは段階か、局面か、課題か、それとも学びなおしか

　グリーフに言及する際、しばしば問題視されるのが、そのプロセスは段階なのか、局面なのか、課題なのかという問題です。段階（stage）説とはいわゆる階段状に一つのグリーフを経験すると、その次に別の側面を経験するといった具合に、グリーフのプロセスを説明しようとするものです。有名なものとして、「心の麻痺」が「切望」に置き換わり、「絶望と混乱」を経て「回復」にいたるモデル（Parkes, 1996/2002）や、「否認と孤立」、「怒り」、「取り引き」、「抑うつ」、そして「受容」というキューブラー・ロス（Kübler-Ross, 1969/1998）の5段階説があります。これらの段階説においても、各段階が順番通りに進むものではないことが指摘されていたのですが、グリーフを単純化しすぎだという批判にさらされており、今日では段階説をそのまま取り入れることは少なくなってきています。

　段階説よりも、それぞれのプロセスのつながりを緩やかに説明しようとしているのがグリーフを局面（phase）で捉えようとするものです。ニーマイアー（2002/2006）は、典型的なグリーフの反応とはあくまで一般的なパターンであり、すべての経験者に当てはまるものではないとしつつも、回避、同化、適応という3つの局面でグリーフのプロセスを説明しようとしています（なおウォーデン（2008/2011）はパークスのモデルを局面のモデルとして取り上げています）。そしてこれらの立場においては、死因が暴力やトラウマを伴う場合とそうでない場合でも、多少の違いはありながらも、共通点が認められるといいます。

　他方で、グリーフを段階や局面で捉えようとする立場に対して、プロセスそのものの一般的な傾向を描写することはできないとして、むしろグリーフをいくつかの領域（domain）に分けて論じようとする論者もいます。たとえばウォーデン（2008/2011）は、課題（task）ということばを用いて、グリーフを説明しようとします。すなわち「喪失の現実を受け入れること」「グリーフの痛みを消化していくこと」「故人のいない世界に適応すること」「新たな人生を歩み始める途上において、故人との永続的なつながりを見出すこと」の4つの課題です。またアティッグ（1996/1998）はウォーデンの課題をさらに検討した上で、既述のとおり、学びなおし（relearning）ということばを用いています。これらの見解は、グリーフをいくつかの領域に分け、そこで生起する課題への

取り組みや学びなおしとしてグリーフプロセスを捉えようとしています。

　このようにグリーフを段階や局面、課題、学びなおしといった様々な用語で説明しようとする試みがありますが、どれが正しく、間違っているというわけではありません。段階説や局面説はグリーフを受動的なものとして扱っていることがこれまで批判されてきましたが（Attig, 1996/1998, Worden, 2008/2011）、多くの人に共通するグリーフの特徴を論じる際や、グリーフプロセスに見通しを持ちたいと思う場合には有効でしょう。他方で遺された人の能動的な行為を重視しようとすれば、課題や学びなおしという用語で説明する方がしっくりきます（本書も「学びなおし」という用語を用いています）。要するに、これらの用語はどれも「グリーフ」という行為を説明する一つのメタファー（隠喩）に外ならないのです。実際、stage を段階ではなく、「舞台」と捉えた場合には、人生という舞台において生きる人々の能動性がかなり重視されます。どれが正しいか、間違いかを論じるのではなく、自分自身にあった、あるいは現在の自分の状況にあったメタファーを有効に活用していくことが大切であると思います。

（3）グリーフプロセスについて

　時間の経過とともにグリーフにどのような変化が認められるのかについては、いまだによくわかっていません。先に述べたキューブラー・ロスの段階説については、これまで様々に批判されてきましたが、実証的な裏付けがあるという研究報告もあります（Maciejewski et al., 2007）。ただこの研究報告には、複数の批判的意見（死因や年齢、文化的背景などが検討されていないことや方法論的な問題点）が論文誌上で掲載されたり（Silver & Wortman, 2007他）、アメリカにある死の教育とカウンセリング協会（ADEC : The Association for Death Education and Counseling）が批判的コメントを協会のホームページに掲載しました。そしてそれらを受けた当該論文の研究者がまた応答する意見を公表したりしています（Prigerson & Maciejewski, 2008）。これらの論争はいまだに続いていますが、グリーフプロセスを捉えることの難しさがうかがえます。

　グリーフの情動的反応とは別の側面（たとえば認知や行動）にも目を向けながら、またグリーフの程度ではなく、その内容に着目してグリーフプロセスを捉えているものとして、既述の回避、同化、適応という3つの局面でグリーフのプロセスを説明しようとしているものもあります（Neimeyer, 2002/2006）。あるいは、「二重過程モデル」（dual process model : Stroebe & Schut, 1999 ; 2001）においては、遺された人は亡くなった人との関係の再構築といった「喪失志向的」な対処と、生活の立て直しやアイデンティティの再構成といった「回復志向

的」な対処の2つに、行きつ戻りつしながら従事するという考え方もあります。そしてオーストラリアで自死遺族への臨床的支援に精力的に関わってきたサンズ (Sands, 2009 ; Sands, Jordan & Neimeyer, 2011) は、「靴 (shoes)」のメタファーを用いて自死遺族のグリーフプロセスを説明しています。それは「(故人の) 靴を試してみること」(関係性を理解する)、「その靴で歩いてみること」(関係性を再構成する)、そして「靴を脱ぐこと」(関係性を再配置する) の3つの次元です。なお、このモデルの特徴として、3つの次元それぞれにおいて、故人との関係性、自分自身との関係性、そして支援グループ内外の他者との関係性という、相互に影響する3通りの関係性が関わることが挙げられます。

　こうした研究報告は自死で大切な人を失った方にとって、これからどのようなグリーフを辿るのかを見通すための一つの指針となるかもしれません。また一般的には、死別経験についての意味づけが、事実の描写や感情表現から、時間の経過とともに、実存的でスピリチュアルな内容に変化すること、そして否定的な内容からより肯定的な内容に移行していく (Murphy, Johnson & Lohan, 2003 ; Neimeyer & Anderson, 2002) という指摘も、グリーフの只中にある人にとって有意義な情報かもしれません。サンズ (2009) のモデルでも、最初の次元において顕著な「なぜ、亡くなったのか？」という問いから、三番目の次元では、遺された人の成長といった側面が取り上げられています。その一方で、グリーフケア・サポートプラザの行ったアンケート調査では、「悲しみは変わらない」「年数がたつほど、心の深いところで苦しみ、深刻に悩むようになった」という語りが報告されています (平山・グリーフケア・サポートプラザ, 2004)。川野 (2008) は自死で配偶者を亡くされた方の語りを詳細に分析し、親しい人が自死で亡くなったことだけが問題なのではなく、むしろ「(あの時、声をかけていれば、悩みを聞いてあげていれば) 亡くならなかったかもしれない」という思いが、日々の生活の中で不意に生起することに苦しみの本質があるかもしれないと述べています。加えて、川島・川野・小山・伊藤 (2010) による自死遺族を対象とした調査結果においても、亡くなったことを理解しようとする行為や、死別経験を通じた成長といった側面については、死別からの経過月数との関係は認められていません。

　グリーフプロセスのメタファーにおいてすでに述べてきたように、一つの直線的な流れでもってグリーフプロセスを理解しようとすることは、多くの誤解を生む恐れがあります。したがって上記で説明したようなグリーフプロセスの研究報告を参考にする際に大切なのは、自分自身がどの領域でグリーフに取り組もうとしているのかに着目し、「行きつ戻りつ」するプロセスの一つの例として受け止めることではないかと思います。

（4）死別後に起こりうる心理的・身体的反応について

　自死遺族のグリーフ、とりわけ情動的な反応には、他の死因による死別とは異なる点があるとの指摘があります（川島・川野, 2011; Sveen & Walby, 2008）。悲しみや抑うつ、幸福感の喪失などもそうですが、「勝手に死ぬなんて」といった故人に対する怒りや、「○○のせいで亡くなったんだ」といった他罰感などの強い攻撃的な反応、あるいは大切な人が亡くなって間もない時期に表現される「自殺したなんて信じられない」といった否認は、自死による死別後によく起こるグリーフの特徴です。また自死の経験は遺された人にトラウマ的な影響を及ぼしますが、亡くなった現場などを目にした場合はその影響が顕著に現れることがあります。したがって自死による死別を経験した人が、グリーフに従事する際には、こうしたトラウマの一部分に取り組むことになります。

　その他、「いつか自分も自殺してしまうかもしれない」といった論理的には根拠のない不安を抱いてしまったり、また故人と長い間をともに過ごした人ほど、故人の命日や誕生日などのあらゆる契機で故人のことを思い出し、「私にあの時、何かできたのではないだろうか」「自殺を止めることができたのではないだろうか」といった、強い自責の念を感じられる人もいるでしょう。とくに亡くなった原因や説明を求めること、つまり「なぜ？」と繰り返し問い続けることが、自死によって大切な人を失った方においてより顕著に認められるという指摘もあります（Jordan, 2001; Sveen & Walby, 2008）。

　その一方で、それまで身近にいて故人の苦しみや悩みをいつも感じていたために、あるいは繰り返される自殺未遂に翻弄され疲れ果てたために、「正直ほっとした」「安心した」という気持ちを抱く人もいるでしょう。そして故人に対しても「苦しみから解放されて良かった」と思うこともあるかもしれません。しかし同時に、こうした感情を周囲の人から「不自然・不適切だ」と言われたりすることで、さらに傷ついてしまうこともあるかもしれません。

　またこうした意識や気持ちの変化と同様に、身体の反応・変化があるとも指摘されています（川島・川野, 2011）。たとえば食欲の変化（食欲がなくなる・食べ過ぎる）、体力の低下（疲れやすい・体重が減少する）、睡眠の変化（眠れない・途中で目が覚める・恐ろしい夢をみるなど）、胃腸の不調（胃の痛み・下痢・便秘など）が起こることがあります。これらの反応は、大切な人を亡くすという経験においてはごく当たり前のものではありますが、長期間にわたって症状が認められたり、日常生活を送るのが困難になるほど強い症状がある場合には、医療機関等で適切な治療を受けることが、助けとなります。

いずれにせよ、大切な人を自死で失った後のグリーフは人によって様々であることに変わりはありません。むしろこれらのグリーフが、身近な人を自死で失うという「特別な事態に対して、よく起こりうる自然な反応」なのです。

　なお繰り返しになりますが、本書ではこうしたグリーフの反応の側面と同時に、遺された人自身が意味を再構成していく能動的な側面に着目しています。しかしそれは情動や身体の反応が重要ではないということではありません。むしろ上に述べたような反応が起こり得ることを受け止め、そこから大切な人との死別後の世界をどのように生きていくのかを探求することが重要なのです。

2．本書の理論的・学術的背景について

　本書のワークは、ナラティヴ死生学（Narrative Thanatology：川島, 2011）をその理論的観点としています。近年、死別研究や死生学という学問領域において、「物語」の視点が重視されはじめていますが（Klass, 2001；Neimeyer, 2001；Thorson, 1996；Walter, 1996）、ナラティヴ死生学はとくに、生涯を通じた発達の過程における、社会文化的文脈や重要な他者との相互交渉を通じた、意味の再構成を重視します。このナラティヴ死生学の観点では、自死遺族は自らの経験を語りなおすことで、また他者との対話を通じて、意味を再構成しようとする存在として捉えられます。

　ナラティヴ死生学に関わる重要な理論として、意味再構成理論とナラティヴ・プラクティスがあります。意味再構成理論（Meaning Reconstruction Theory: Gillies & Neimeyer, 2006；Neimeyer & Anderson, 2002；川島, 2008）は、「喪失に対する意味再構成はグリーフにおける中心的なプロセスである」（Neimeyer, 2002/2006）ことをその基本概念としています。また人間は人生の目的や生きる意味を見出したり、創造したりする心理学的欲求に突き動かされていること、そのためどのような体験にも何らかの意味を探り出す存在である（Frankl, 1946/1956）、とする構成主義（人は、社会や文化との関わりの中で、何らかの世界観や人生観を独自に構成しており、それに基づいて判断や行動を行っているという考え方）の立場から、これまでの死別やグリーフに関する諸理論を再構成したグリーフの新しい理論です。

　ナラティヴは物語や語りと訳される、経験を組織化し意味づける「意味の行為」のことを指します（Bruner, 1990/1999）。ナラティヴというものの見方の哲学的背景などについてはここでは触れませんが、自己あるいは他者の死に直面することは、それまで暗黙裡に想定していた世界を揺るがし、あるいは自己と

他者との亀裂を経験するなど、物語が語りなおされる契機（Neimeyer, 2000）になると言われています。とくに死別を経験した人は、物語の途中で中心人物を失った小説のように、それ以降の章を物語の辻褄が合うように書きなおすことを余儀なくされると指摘されています（Neimeyer, 2002/2006）。遺された人は、「死んでしまった人がもういないのだということを受け入れて、自分の苦悶を処理し、打ち砕かれた生活を立てなおして、永久に死別によって色づけされることになる人生の物語の次の章に進む」（Attig, 1996/1998, p.9）ことになるのでしょう。こうした物語の語りなおし、書きなおしに関わって、本書はとくにホワイトら（たとえば Community Mental Health Project, 1997/2000 ; White 2001/2007; White, 1998/2000 ; White & Eptson, 1990/1992 ; White & Morgan, 2006/2007）が提唱・実践したナラティヴ・セラピーもしくはナラティヴ・プラクティスの考え方に大きく依拠しています。

　本書のワークは、こうした理論的観点のもと、これまでの研究知見を参照し、またグリーフカウンセリング、トラウマへの弁証法的行動療法、認知行動療法、ゲーミング、ナラティヴ・セラピー等において開発報告されている様々なワークを再構成して作られたものです。とくに死別を経験した人が意味の再構成を行うためのワーク（Neimeyer, 2002/2006）、自死遺児向けのアクティヴィティ・ブック（The Dougy Center, 2001）やケアブック（Sands, 2010）などから大きく影響を受けています。

3．本書の構成について

　本書の構成は大きく次の２つの観点で組み立てられています。１つはアティッグ（1996/1998）による３つの学びなおしです。すなわち、豊かで愛に満ちた関係をいまは亡き人との間でむすぶ「故人との関係の学びなおし」、故人のいなくなった世界で生きるすべを学ぶ「世界の学びなおし」、そして自己やアイデンティティという織物を編み直す「自己の学びなおし」です。自死遺族への臨床経験と語りの分析から、「三部モデル（tripartite model）」を提案しているサンズ（Sands, 2009 ; Sands, Jordan & Neimeyer, 2011）も、故人との関係、自分自身との関わり、社会的なネットワーク（サンズらはとくに支援グループを想定しています）の中で関わりをもつ他者との関係には３つの領域があることを指摘しています。

　あわせてナラティヴ・プラクティスにおける「ナラティヴな仕事の仕方」を遂行する上での「旅の手引き」（Community Mental Health Project, 1997/2000）を

参考に「なんとかやっている自分を称える」「喪失の外在化する」「儀式」「故人との関係性を紡ぎなおす」「新たなストーリーを生きるためのコミュニティを創造する」「自分の人生を語りなおす」の計6つのナラティヴな仕事（もしくは旅先と言ってもよいかもしれません）を準備しました。ホワイトらは一つの流れを持って展開される11個の主題を明示しており、その中には本書では取り上げていない側面、たとえば自分を取り巻く権力関係を探求したり、文化に疑問を抱いたりするという主題も準備されています。これらはたとえば、自死遺族を取り巻く状況を考えれば、自死・自殺をめぐるスティグマや差別といった社会文化的な背景について考えるということになろうかと思います。

　ところで旅というものは一種の学習であり、相手がいなければ成立しないとホワイトら（Community Mental Health Project, 1997/2000）は指摘します。本書のワークは個人で取り組むものだけでなく、誰かに話を聞いたり、あるいは一緒になって取り組む必要があるものもあります。それはグリーフワークの一つの側面として、自分自身と向き合い、対話していくプロセスを促すことが大切である一方で、周囲の人々との相互交流の中でグリーフという旅を経験することもまた重要だからです。

4．本書の読者は誰か

　本書で展開しているワークは、自死で大切な方を失った経験を持つすべての人を読者として想定しています。ただし本書を通じたグリーフワークの中で、トラウマの一部に取り組むことになりますので、実施に当たっては、本書の内容を理解した上で、適切な自己管理ができることが必要です。そのため基本的には成人以上の方を想定しています（未成年の方も、信頼できる大人と一緒に取り組むことができれば、実施可能でしょう）。

　自死で大切な人を失った人のことを英語ではサバイバー（survivor）と呼びます。自殺学という学問を打ち立てたアメリカの研究者、E・シュナイドマン（Shneidman, 1969）博士は、一件の自死によって影響を受ける人が6人いると指摘しました。日本では自死遺族と表現すると、主として故人の家族が想定されるように思いますが、当然影響を受ける人は家族以外のメンバーも含まれます。最近アメリカで行われたある調査では、いとこや友人を失った人の約半数が自分自身をサバイバーであると認識しており、むしろ生前の関係が近しいほど自分をサバイバーと認識する傾向にあるとの報告（Cerel, Maple, Aldrich van de Venne, 2013）もなされています。したがって本書も対象を特定の関係性、たと

えば家族に限定していません。むしろ自死の経験から引き起こされるグリーフに取り組む必要性を感じている方が、本書が想定している読者なのです。

5．ワークについての解説

　以下、本書で取り上げているワークの学術的な背景などについて解説を行います。

【序章　グリーフという旅に出る前に】

　グリーフを十分経験する上で安全な場所を確認することは大変重要です。とくに自死という経験は遺された人に大きな影響を及ぼします。たとえばグリーフケア・サポートプラザ（平山・グリーフケア・サポートプラザ, 2004）は自助・支援グループに参加している自死遺族への調査を行い、不眠や疲労感などの身体的変化とともに、抑うつ感、孤立感、希死念慮などの精神的健康の悪化が認められたと報告しています。また自死による死別を経験した人がグリーフに従事する際にはトラウマの一部分に取り組むことになります。そのため、故人との思い出を振り返ったりする内容が含まれている、故人との関わりに関するワークでは、トラウマ的な経験が鮮明に蘇ってくる恐れもあります。したがって、ワークに取り組む上での最初のステップとして、自分を元気にしてくれたり、安らかな気持ちにしてくれる人やもの、場所を確認するワーク「私のプロフィール」が用意されています。

　また自分の安全を守るシェルターとして機能する場所や資源、ネットワークについて確認しておくためのワークとして、「安全な場所の確認」というワークが用意されています。このワークはウィリアムズとポイユラ（Williams & Poijula, 2002/2009）が、トラウマやPTSDのサバイバーが自分自身の経験を意味づけ、理解することを助けるワークブックの中で紹介しているものを参考にしています。

　このワークは、「人が人生という川をみるために『河岸に立つ』のを助ける」役割を果たします（White & Morgan, 2006/2007）。トラウマ的な出来事を語りなおすためには、それを可能とする足場、つまり安全な川岸が必要です。そうでなければ、川の濁流に飲み込まれてしまうかもしれません。この足場に立ってはじめて、これまでどのようにこのトラウマ的な経験に対応してきたのかという歴史を辿ることができるのです。

さらに、「マップの確認」というワークでは、各ワークを終えた時点で葉っぱを色塗りする作業を通じて、自分のグリーフプロセスを確認することを意図しています。この反復を伴う確認という行為もまた、一つの儀式的意味合いを持っています（儀式についての解説は後述）。

【一章　なんとかやっている自分を称える ── 世界の学びなおし（1）】

一章の2つのワークを通じた目的は、大切な人の自死というトラウマ的経験について話すことを可能にする「立つべき別の場所」（White & Morgan, 2006/2007）を確保することです。

1．苦痛耐性スキル ── 苦手な人や場所、時への対処方略

大切な人がいない世界を生きていくことは容易ではありません。もともと関係の悪かった人や、苦手なものとの関わりは言うまでもありませんが、以前は良好な関係だった人とも、故人の死をきっかけに関係がぎくしゃくしてしまったり、険悪な仲になってしまうこともあります。あるいは、それまで頻繁に参加していた会や、訪れていた場所も、辛い記憶がよみがえる場所として、避けるようになるかもしれません。特定の人や場所ではなくても、たとえば命日やクリスマスなどの特定の日をどのように過ごすかはとても大きな問題です。しかし、本書の理論的立場に基づけば、こうした死別後のグリーフにおける問題にも、人は能動的に関わっていく存在です。つまり問題に打ちひしがれたり、傷つけられたりしながらも、その解決に向けて主体的に取り組もうとするのです。

本書のワークでは、苦痛に感じたり、あるいは苦手に思う、人や場所、時に対して、遺された人がどのように対処できるのかを実践的に考えることが求められています。このワークのねらいは、自死という経験が人生にどう影響したかというストーリーとは別（第2）のストーリー、つまりあなた自身がどう死別後を生き抜いてきたかの歴史を見出すことです。そしてその中で、自分自身の人生を調節できる感覚を発達することが大切です。

なおこのワークは、マッケイら（McKay et al., 2007/2011）が弁証法的行動療法のトレーニングブックにおいて紹介しているワークが元になっています。苦痛耐性スキルを養うためのエクササイズを参考に、本書の理論的立場と自死によるグリーフという特質を考慮して、作成したものです。

2．スマイルリスト

　このワークは、ロメイン（Romain, 1999/2002）による「スマイルリスト」に着想を得ています。

　遺された人の中には、笑ったり楽しんだりした後に、自分だけがこんな気持ちになっていいのかと思う人もいます。また、こうした気持ちを感じること自体を固く拒もうとする人もいます。その一方で、故人が亡くなった当初は感情が無くなってしまったように感じていても、少しずつ誰かと微笑みを交わせるようになったりすることもあります。むしろ苦しみや辛さといったネガティヴな感情、笑いや楽しみといったポジティヴな感情がともに存在していることこそが、「生きている」ということなのかもしれません。

　そしてグリーフワークにおいて、そうした「ユニークな結果」（たとえば、White & Morgan, 2006/2007；Russell & Carey, 2004/2006）、つまり大切な人の自死によって生じた様々な困難に向き合う中でも、それになんとか対応したり、自分らしく振る舞えた経験を発見することが大切です。それは「問題（影響）→ 結果」という死別経験の「受動的な」ストーリーから人々を解放し、遺された人が今度は問題に対して影響する「能動的な」ストーリーへと導きます。

【二章　喪失を外在化する ── 自己の学びなおし（1）】

1．グリーフマップ

　このワークは、クラーク（Clark, 2001）が報告したグリーフマップが元になっています。クラークは、遺族の支援グループにリーダーもしくはファシリテーターとして加わりながら、死別を経験した人々の心性がどのように時期をおって変化していくのかについての観察記録を取りました。それをもとに、△の山で表される個々の現象が、時間をおってどのように変化するのかを見取ることのできるグリーフマップを作成しました。このツールは死別以外の喪失によるグリーフを含めた、臨床支援に有効であるとしています。なお本書では、ナラティヴ死生学の観点から、また自死遺族支援という本書の目的に照らして、個々の現象の内容について再度吟味し、配列や内容の変更を行っています。内容項目については、自死遺族のグリーフを多面的に捉える尺度として報告されている、grief experience questionnaire（GEQ：Barret & Scott, 1989, Bailley et al., 2000）の項目内容を参照しました。

　また自分自身が強く感じている感情や思いの内容を具体的に記述してみること、そしてグリーフマップの作成と具体的な内容の記述という経験についての感想を書いてみることは、自分自身のグリーフを外に出し、距離をおいて眺め

ることをさらに手助けします。さらに言えば、グリーフマップの作成は直感的・感覚的にグリーフを可視化することで、他方、具体的な内容の記述と感想を書く行為はグリーフを言語化することで、距離をおいて眺めることを促しているのです。

　内容項目の中には、普段は口に出して言えないものや、できる限り意識しないようにしているものもあるでしょう。そうした自死・自殺を取り巻く社会的状況によって抑圧された感情や思いを客観視することで、内在化された影響を、遺された人自身から切り離すこと（外在化）が大切です。問題と人が切り離されることではじめて、問題のしみ込んだ支配的なストーリーを語りなおすことができ、それを通じて遺された人自身が能動的に意味を再構成していけるのです。

2. 喪失のスケッチ

　喪失を絵で表現することは、自分自身のグリーフと向き合うためのワークではよく認められるものです。子どもなど、言語的に表現することが難しい場合にも、絵という道具を用いることで、その子どもの経験しているグリーフを豊かに表現することができます（たとえば The Dougy Center, 2001 ; Sands, 2010）。また子どもではなくても、グリーフを絵として表現することは有効な手段です（Neimeyer, 2002/2006）。

3. 喪失の影響地図づくり ── 今を見つめて、これからの未来をつくる

　大切な人が亡くなると、私たちは様々な影響を受けます。愛する人を失った悲しみだけでなく、怒りや自責感を強く感じるかもしれません。これまでの生活が一変し、生活のスタイルも大きく変化せざるを得ないかもしれません。あるいは世の中に対する見方や、自分がそれまで思い描いていた未来も変更せざるを得なくなるかもしれません。このように大切な人を失ったことだけが問題ではないのです。

　また大切な人が亡くなったことによる影響も、時間の経過とともに刻々と変化するでしょう。少しずつ故人に対する思いや、日々の生活も亡くなった直後と比べて変化してくるかもしれません。周囲の人の思いがけない優しさに心が少し軽くなるかもしれません。その一方で、時間がたつにつれて苦しい気持ちが高まってくることもあるでしょう。同時に、そうした影響を受けない領域もあるでしょう。

　このワークは、ナラティヴ・プラクティスの理論（とくに White & Morgan, 2006）および京都産業大学の米虫圭子先生の実践を参考に、川野・川島・荘島

(2008) が作成したツールを元にしています。元々はこころの健康相談場面での自殺に関する相談を受けた際の感覚や、日ごろの実践を振り返るための教材として作成されたもので、シートに印象を書き込むことにより、ナラティヴ・プラクティスが体験できるよう構成されています。なお本書では、意味再構成理論（Neimeyer, 2002/2006；川島, 2008）の立場に基づき、とくに喪失によって再構成が求められる意味構造、すなわち「日々の活動や優先順位」「自己知覚」（地図では、自分の感情と身体）「対人関係」（地図では、周囲の人との関わりと故人に対する思い）「未来に対する見方」「世界に対する見方」「信仰やスピリチュアリティ」の６つの領域に関わる内容を、影響地図の中に配置しました。

　問題の影響を外在化させる手段として、ホワイトとエプストン（1990/1992）はセラピーの中で、行動や情緒、身体、態度といった領域における問題の影響を地図上に位置づける質問を行っています。本書のワークは、こうした臨床実践とも同じ方向性を持っています。また影響を受けた領域とともに、影響を受けていない領域を確認すること、そして未来の地図を作成したり、誰かに話をきいてもらうことは、大切な人の自死という経験によって覆われたストーリーを見つめ直し、第二の（別の）ストーリーを見出すための大切な足場となります。

【三章　儀式 ── 故人との関係の学びなおし（１）】

1．儀式を企画する

　儀式には、とりとめのない感情を整理し、出来事に対する象徴的な秩序を与え、共同体でのグリーフという社会通念を構成する機能があります。寺社や教会において提供される形式的な儀式を経験することも、自らのグリーフに向き合うことを支えてくれます。たとえばロマノフとテレジオ（Romanoff & Terenzio, 1998）は、儀式には変化、移行、つながりという３つの機能が備わっている必要があると述べています。変化とは喪に服す人の自己意識の変化や、故人に対する愛着の変化を意味します。移行はそれまでの立場から新しい社会的立場への移行を指します。そしてつながりは、亡くなった人や地域の共同体とのつながりの感覚を見出すことです。

　また儀式とは、リメンバリング（remembering）のための重要な機能を担っています（Hedtke & Winslade, 2004/2005）。つまり、故人との思い出や関わりを回想し、語りなおす足場として、儀式が機能しているのです。それは大切な人の自死を経験した方にとっても同様です。公的あるいは私的な儀式を通じて、故人との絆を維持し続けているからです（Maple, Edwards, Minichiello & Plummer,

2013)。

　葬儀はもっともわかりやすい形の儀式ですが、こうした儀式が死別後のグリーフに及ぼす影響が大きいのは、グリーフワークが究極的には共同体を取り込む社会的な側面をもった行為であるためです（Neimeyer, 2002/2006）。これは墓参りや年忌法要、霊場や聖地の巡礼といった宗教が提供する儀式においても同様です。しかしながら自死で大切な人を失った場合、こうした機能を十分に経験することができないことがあるかもしれません。たとえば近所の人には伏せて葬儀を行った場合には、周囲の人と悲しみを共有する機会が少なくなる可能性があります。亡くなり方によっては遺体と対面できないこともありますが、その場合には故人にお別れを言う機会が失われてしまいます。恋人や友人、婚約者といった間柄の場合には、葬儀や法要といった形式的な儀式そのものに参加できないこともあるかもしれませんが、その場合、グリーフのプロセスに沿った宗教儀礼（たとえば初七日や三回忌といった節目）を経験することもできません。こうした場合には本書のワークにあるように、私的な儀式を執り行うことがグリーフワークの助けになるでしょう。信頼できる人と一緒に、私的な葬儀を行うこともできますが、もっとも大きな意味合いを持つのは、亡き人の思い出を誰かと語り合うことでしょう。それは家族かもしれません。自助・支援グループの仲間かもしれませんし、故人と関わりのあった友人かもしれません。

2．故人の生きた歴史を探訪する

　故人の生きた場所や空間、あるいはあなたが故人とともに生きた歴史を再確認する作業は、グリーフの作業を進める上で大切なことです。それは「（故人の）靴を履き、歩いてみる」（Sands, 2009）ことが、故人との関係性を再構成する契機となるためです。また同時に、故人の生きた歴史を探訪する旅は、故人と関わりのあった人や場所との出会いをもたらします。故人のことを記憶していること、それは故人が誰かの記憶として生き続けているということでもあります（Maple et al., 2013）。

　そして故人のことをよく知る人と出会い、故人のことを語ることは、遺された人の意味の再構成を促します。そこで再構成される物語の主題は、故人との関係、世界との関わり方、そして自分自身との関わりに他なりません（Sands, 2009）。

　こうした探訪を通じて、ある人は故人とともに生きた歴史を思い出として位置づけ、これまでとは別の人生を歩んでいくかもしれません。またある人は、故人ともに、あるいはいつも故人を傍らに感じつつ、これからの人生を生きていくかもしれません。

【四章　故人との関係性を紡ぎなおす
── 故人との関係の学びなおし（２）】

　自死で大切な人を失った人は、故人との関係を様々な物語として紡ぎながら意味の再構成に従事すると言います。先ほども述べたようにサンズ（Sands, 2009）は、故人と遺された人との関係性を「靴（shoes）」をメタファーにして表現していますが、靴はその人がそれまでに歩んだ道のりを記憶しているものです。その靴に足を入れて履いてみると、靴底の固さやかかとのすり減り具合などから、故人がどのような人生を生きていたのかをうかがい知ることができます。しかし遺された人々は、その靴をずっと履き続けることはできません。いつかその靴を脱ぎ、自分の靴を履いて歩んでいかなければならないのです。

　また故人との思い出を回想し、語りなおす行為は、故人との関係性を継続させる上で重要な役割を果たします。アティッグ（Attig, 2001）はこうしたリメンバリングという行為、すなわち故人のことを記憶し続けるという行為が学びなおしと結びつくことを指摘しています。その際の会話を「リメンバリングする会話」（Hedtke & Winslade, 2004/2005）と呼びます。

　実際、喪失体験を語ることは、「死者に『話しかける』ことでもあり、死者のことを誰かに『話しかける』こと」（やまだ, 2007, pp.10）でもあります。そしてそうした語りは亡くなった人と遺された人との絆をむすびなおす機能を持っています。こうした物語の持つ、死者と生者をむすぶ機能に注目する際、やまだとその同僚による一連の研究（やまだ, 2000ab；やまだ他, 1999；やまだ他, 2000）が参考になります。やまだらはヒーローや友人の死という出来事によって断絶された自己と他者との関係性がどのように再構築されるのかを精緻に分析することで、死者と生者をむすぶ「物語」の重要性を示唆しています。ところで物語とは「文化の物語を原典にして、それを引用しながら、私ヴァージョンに語りなおす作業」（やまだ, 2006, p.46）なのであり、とくに死に直面した際には宗教や倫理の物語などの「聖なる物語」が多く語られるといいます。実際、やまだらによる一連の研究においても「文化の物語（伝承や昔話、小説など）」と「聖なる物語」そして「私の物語」が掛け合わされていたといいます。大切な人が亡くなった時、それまでは絵空事でしかなかったかもしれない天国やあの世といった物語が、遺された人がグリーフの物語を構成する際の、一つのひな形になるのです。

１．故人のプロフィール
　このワークは続く３つのワークのための準備となるものです。ワークにあら

かじめ盛り込まれている内容のうち、故人の名前は、もっとも故人をよく表すものではないでしょうか。それは、名前が単なる記号ではなく、「こうあってほしい」と思う親や家族の願いを込めたものであるからです。また一番の思い出や形見は、亡くなった方と遺された人との関わりを表します。

この他、戒名も故人をよく表すものかもしれません。故人の名前とともに故人をよく表す文字を用いることもあります。あるいは墓碑銘などがあれば、それもまた典型的な故人のプロフィールの一つです。日本では「○○家の墓」や「倶会一処」などと書かれることが多いですが、海外では故人の生前の行いや人となり、あるいは遺されたものからの故人へのメッセージを墓碑銘として標すことがあります（やまだ，2007）。これらの語りもまた、故人のプロフィールの一つとしてみなせるでしょう。

2．亡くなった、大切な人に手紙を書く

グリーフワークにおいて、故人に対して手紙を書くことの重要性はよく指摘されるものです（たとえば Neimeyer, 2002/2006 ; Goldman, 2000/2005）。それは書くという行為を通じて、普段はあまり口にできない思いや考え、気持ちを言葉にしてみることができるからです。整理がうまくつかない気持ちや思いを言語化することは、「二章　喪失を外在化する ── 自己の学びなおし（1）」の内容とも密接につながるものです。なおワークのポイントでも指摘していますが、すべての人が「故人との文通」ができるようになるわけではありませんし、手紙の下書きを書くだけでこのワークを終える人もいるでしょう。このワークに挑戦してみることで、自分の気持ちや思いを手紙にして表すことができれば、このワークのねらいは達成できたといえます。

なおこのワークで作成された手紙は、あくまで故人と遺された人とのあいだで象徴的にやりとりすることで、故人とのつながりや絆の感覚を確認するためのものです。したがってこの手紙を公表することによって誰かを訴えたり、仕返しをしたりするために手紙を用いることは避けてください。

3．故人との関係イメージを絵に描く

本書で取り上げた故人との関係イメージを描くワークは、やまだ（1988）による「私と母の関係イメージ」を参考にしています。やまだ（1987）が述べるように、人は本来的に個人として生まれるのではなく、人と人とのあいだに生まれて、他者との共鳴的な関係のなかで生きている存在です。それはすでにこの世にはいない他者とこの世界で生きる私との関係においても同じことです。実際、やまだ（2007）は、ある高齢者男性があの世で生きていて年を取り続け

る母の姿をイメージしたと報告しています。このように亡くなった人との関係は変化し続けることもあるでしょう。サンズ（2009）が述べるように、故人との関わり合いの中での意味の再構成プロセスなのです。

　とくに故人との「現在」あるいは「未来」の関係イメージは、信仰やスピリチュアリティといったものと深く結びついていることがあります。天国やあの世、といったイメージの場合もあれば、風や光といった自然の一部として故人が描かれることもあるでしょう（川島, 2011; やまだ, 2007）。このワークを通じて、自分がどのような信仰やスピリチュアリティをよりどころとしているのかを再確認してもよいでしょう。

　またグリーフのプロセスにおいて、故人を位置づけること（故人はどこにいるのかという問いに対する、天国、あの世など）、故人を経験すること（故人が見守っていてくれると信じる、夢に現れるなど）、故人に触れること（葬儀に参加する、故人に話しかけるなど）、リメンバリング（故人の思い出を周囲の人々と語り、記憶を呼び起こすこと）、そして形見をとっておくことの重要性が指摘されています（Silverman & Nickman, 1996）。このワークはこうした事柄を経験する一つの足場として機能します。

4．故人の伝記をつくる ── 周囲とともにつくる故人の物語

　あなたの大切な人が亡くなってしまったとき、打ちひしがれ、何もかもが台無しになってしまったと感じるかもしれません。それでも、故人がこの世に確かに存在し、人生を歩んでいたという事実はかわりません。

　このワークはニーマイヤー（2002/2006）が、意味再構成理論に基づくワークとして提案しているものが元になっています。同時に、遺された人と周囲の人々とのコミュニケーションを促すように意図されています。川野（2009）は自死遺族が頻繁に口にする「傷つけられた経験」について詳細に検討した結果、自死で身近な人を失った人は社会的スティグマや偏見に晒されることを怖れながら、それでもなお他者とのコミュニケーションを求めており、その結果として「傷つき」あるいは「支え」を体験することを報告しています。

　また「周囲とともにつくる」ことは、故人の伝記という物語を共著すること（つまり周囲の人びととともに著すこと）を意味しています。ここではとくに故人の人生に関する複数のストーリーが祝福され擁護される文脈を提供しています。つまり、誰かに話を聞き、そこで思いがけない故人の人柄に触れることが、一つの筋で構成されていた、故人についてのこれまでの物語に、別の見方や新しい筋をもたらすきっかけとなるでしょう。また発表会を通じて誰かに物語の聴衆になってもらうことは、完成した故人の物語を、より現実味のあるものとし

て捉えるための足場となります。物語る行為は本質的に共同行為なのです（やまだ，2007）。

【五章　新たなストーリーを生きるためのコミュニティを創造する
　　　　──世界の学びなおし（2）】

1．私を支えるメンバーシップの確認
　　　　──あなたを応援する人を確認しよう！

　身近な人が亡くなるという経験は、遺された人の人生に様々な影響を及ぼします。とくにそれまでの人間関係が危うくなったり、家族とのむすびつきが絶えそうになる危機を生じさせます。しかし、そうした危機においても私たちは、関係や結びつきの切れ目を紡ぎ、意味を見出そうとします。先に述べた、故人との思い出を回想し、語りなおす行為であるリメンバリングは、リ・メンバリングでもあります（Hedtke & Winslade, 2004/2005）。つまり死別後の世界を生きていくために、誰をメンバーとするのか、あるいは誰をメンバーから外すのか（ディスメンバリング）というメンバーシップを確認する作業が大切となるのです。

　自死において、その人がいかに亡くなったのかが、その人の人生の意味を支配し、そのほかのストーリーが背景へと後退してしまう危険性があります。しかし重要なことは、自死・自殺に関わるそうした支配的な物語としてではなく、その人の意味ある行為や人間関係を、自死・自殺という出来事によって汚されることのない物語として語りなおすことです（Hedtke & Winslade, 2004/2005）。ホワイト（White, 2001/2007）は、自死で娘を亡くした家族のリメンバリングする会話を報告しています。そこでは、故人の性格（決心が固く、勇敢）や生前の母親との良好な関係性と、自死という行為がどのような結びつきを持つのかについての会話が展開されています。そして故人の生き方と亡くなり方にある種の結びつきが確認されることによって、故人を再び家族のメンバーシップとして迎え入れることができたといいます。

　ところで故人や周囲との関わりを語りなおす際に、既述したような「聖なる物語」だけが、遺された人の身近にあるわけではありません。遺された人の主体性を阻害するような物語もあります。とくに自死の場合には、いまなお差別や偏見をもたらす物語が文化的に流布しています（良原，2009）。また「自殺って言えなかった」（自死遺児編集委員会・あしなが育英会，2002）という言葉にあるような、自死・自殺を口にすることが憚られる状況は、解消されたわけでもありません。また、どのような物語であっても、遺された人一人一人の主体性に沿ってみていけば、個人の意味づけと相容れない物語もあるでしょう。そうし

た語りと対峙しつつ、自らの主体性を育むような意味づけに語りなおしていくことが大切なのです。

2．自助・支援グループに参加してみる

　自死遺族を取り巻く社会的状況もここ数年で大きく変化してきました。とくに数多くの自助グループや支援グループが生まれ、地域によっては、自分にあったグループを選択できるまでになっています。その一方で、グループの特徴がなかなかわかりづらく、いざ集いに参加してみると、「自死遺族だけの集まりと思っていたのに、行政スタッフがいた」などの食い違いによる傷つきも耳にします。そのためにはグループの特徴を事前によく調べてから参加することが大切です。本書のワークでは、グループが自死に限定しているものか、それとも他の死（病死、事故死など）にも開かれているのか、亡くなった方の続き柄などでグループへの参加を限定しているか、遺族のみで運営しているグループ（自助グループ）か、それとも行政や医療機関などが主催しているグループ（支援グループ）かといったいくつかの確認事項を挙げています。

　また自死遺族へのグループやプログラムについての肯定的な記述は数多くありますが、実際にその効果を検証した研究はほんの一握りしかないのが現状です（Jordan & McMenamy, 2004）。その中で、たとえば、ジョーダン（Jordan, 2011）は自死遺族のサポートグループの機能として、孤立感の低減、社会的学習の機会の提供、そして価値ある知識の習得の３つを挙げています。また、フィーゲルマンとフィーゲルマン（Feigelman & Feigelman, 2008）はシャルマン（L. Shulman）による相互扶助の10の原理を、自死遺族の自助グループの機能と重ねて論じています。それらはすなわち、１）"同舟" の現象（類似した問題、関心、感情、経験を持った他の参加者を見つけ、一人ではないことを学ぶ）、２）タブーとされる領域についての議論（グリーフ、怒り、自殺念慮、他者への落胆、あるいは故人が慢性的な抑うつを経験していた場合の解放感）、３）相互支援（他者からの情動的支援）、４）個別の問題解決（他の参加者 ── 様々な背景や経験を持ち、特定の類似した状況に対応している ── が問題を解決するのを手助けする）、５）データの共有（回復プロセスについての情報を共有する）、６）弁証法的プロセス（多様な意見を交換する）、７）相互要求（互いに要求することで、被害者から成長や変化を求めるものへ移行する）、８）リハーサル（グループが新しい考えやスキルに挑戦するためのフォーラムとなることで、困難な状況や人への対応方法について学ぶ機会となる）、９）普遍的視点（自らの状況を、特定の社会的状況の中でのより普遍的な話題 ── 不適切なメンタルヘルスの資源、自殺予防や研究のための資金不足など ── に位置づけて眺めるようになる）、10）"数の強さ" 現象（社会的活動に参加し、

主張する)です。

このフィーゲルマンらの報告を受けて準備されたのが、本書のワークで採用されている評価項目です。これらは「神奈川県の自死遺族支援事業の評価研究」において、川野・桑原・白川・伊藤・鈴木・杉本・川島・白神（2012）が作成したものを元にしています。

3．社会に働きかける仕事に取り組む

自分の経験を誰かのために役立てたい、自分と同じような辛い経験を他の人がしないですむような社会にしたいと思うことがあるかもしれません。たとえば自助グループの設立や運営に関わりたいと思ったりする人もいるかもしれません。また今辛い思いをしている人の支えになりたいと、手記を出版したいと思う人もいるでしょう。研究に協力することで誰かの役に立ちたいと思ったり、遺産を基に遺児のための基金を設立したいと望む人もいるかもしれません。あるいは、家族や友人などの身近な人に対して、何かしたいと思うこともまた、(身近な) 社会に働きかける仕事にほかなりません。

こうした、社会に対して働きかけるような活動に取り組むことも、グリーフの大切なプロセスの一つです。しかし社会的偏見やスティグマがいまだに根強い自死・自殺の問題について、声を発するのは容易なことではありません。そのため本書のワークでは、遺された人々が自分のペースで社会に向けた関わりを、能動的に行えるようにサポートするワークを準備しています。

ところで本書ではナラティヴ・プラクティスにおける「ナラティヴな仕事の仕方」を遂行する上での「旅の手引き」（White, 1998/2000）を参考に6つのナラティヴな仕事を準備していますが、既述のとおり、ホワイトらはさらに自分を取り巻く権力関係を探求したり、文化に疑問を抱いたりするという主題も提案しています。たとえば配偶者を自死で亡くした場合に「最も身近にいながら、夫を死に追いやった妻」として強い責めを受けたり、夫の生前から抱えていた困難や新たに生じた課題を一手に抱え込んだりする傾向があります（大倉・引土・市瀬・田邊・中山・木原, 2013）。また大倉ら（2013）は、労災申請や相続放棄などの様々な手続きの他、生活の維持や遺された子どもの心理・発達的側面への配慮をどのように行っていけばよいのかについての情報提供が、切実な課題であるとも指摘しています。以前と比較すれば自治体や民間団体が発信する情報量や種類は格段に向上しましたが、いまだ十分とはいえません。また自死・自殺を取り巻く偏見はいまだに根強いものがあります。こうした問題点を発信し続けることで、自死遺族を取り巻く環境をより良いものにしていく取り組みもまた、社会に働きかける仕事の一つといえるでしょう。

【六章　自分の人生を語りなおす —— 自己の学びなおし（2）】

　本書の中で、この「六章　自分の人生を語りなおす」に含まれるワークは、自分の物語を語りなおすことに焦点を当てています。「私の喪失物語」は自死という出来事によって経験した様々な喪失についての物語を紡ぐワークです。他方で残る二つのワークは、死別経験を直接的に取り上げていません。そのため一見すると、なぜこれらのワークが、自死遺族のグリーフを促すのかが理解しがたいように思うかもしれません。しかしながら、グリーフとは、「自分自身を学びなおす」(Attig, 1996/1998) プロセスであり、あるいはアイデンティティ（自分とはいったい何者かという感覚）を変化させるプロセスでもあります (Gillies & Neimeyer, 2006 ; Neimeyer & Anderson, 2002 ; 川島，2008)。大切な人が亡くなった経験を含めた、自分自身の人生を学びなおすこと、それがこのワークの目指しているものです。

1．私の喪失物語

　本書の冒頭や先の解説でも述べてきたように、経験を語りなおすことは遺された方のグリーフプロセスにおいて重要な意味を持っています (川島，2011; Neimeyer, 2001; Sands et al., 2011 ; White, 2001 ; やまだ，2007)。死別は、自己物語を混乱や機能不全といった危機に陥れる、「意味の危機」(Neimeyer & Anderson, 2002) といえます。そして死別を経験した人は、物語の途中で中心人物を失った小説のように、それ以降の章を物語の辻褄が合うように、書きなおすことを余儀なくされる (Neimeyer, 2006/2002) のです。

　物語とは「2つ以上の出来事をむすびつけて筋立てる行為」(やまだ，2000a) ですが、とくにこのワークでは、自死という経験によって生じた喪失、それは愛する人が亡くなったということのみならず、経済的な安定や社会的ネットワークの喪失、故人と共有していた夢や人生設計などの様々な喪失を、どのように一つの物語としてむすびなおすかということが焦点となっています。そしてむすぶことは結ぶ行為であると同時に産ぶ、すなわち新しい何かを生み出す行為であるのです (やまだ，2007)。

　このワークは、ニーマイアー (2002/2006) による「喪失の特性を描写する」ワークが元になっています。ニーマイアーは様々なグリーフに関するワークを提案していますが、その中でもこのワークが最もナラティヴの特性を活かしたものであると述べています。とくにこのワークでは三人称の立場で物語を記述することによって、自分の喪失経験に直面することなく、物語をむすびなおす

ことを可能にしています。

　また完成した物語を、誰かに話し、聴いてもらう経験は、非常に重要です。その中で、あなたの物語の聴衆は「外部の証人」となります。実際、私たちが何らかの物語を作ったとしても、それが自分の頭の中だけにとどまる場合には、そこから現実的な感覚を得ることは難しいかもしれません。他方で、重要な聴衆によって証人として応えてもらうことができたならば、その物語は現実味を帯び、真実性をもったものという感覚を得ることができるといえるでしょう（Russell & Carey, 2004/2006）。発表会の後に参加者に記入してもらうシートは、まさに聴衆に「外部の証人」となってもらうためのものです（White & Morgan, 2006 ; White, 1995/2000）。

2．ライフライン

　ライフラインとは、老いと個人のライフコースについてのメタファーを研究する中で発達してきたライフライン・インタビュー法（Lifeline Interview Method : LIM）のツールです（川島, 2007 ; Schroots, 1991 ; Schroots, Birren & Kenyon, 1991）。このツールは、とくに誕生から死に至る人生の旅を表象する、「足どり」（footpath）というメタファーによって構成されています（Schroots & Birren, 2002）。

　なおこのワークでは、大切な人が亡くなった経験を、遺された人のこれまでとこれからの人生の中で捉えなおす工夫がされています。そのためワークの冒頭ではとくに死別経験についての教示はありません。ワークを終えた後、これまでの人生の様々な出来事（楽しかった出来事とつらく悲しい出来事）の中で、大切な人が亡くなる経験をどのように位置づけているのかを改めて考えるようになっています。もっとも辛い経験としてラインの最底辺に死別経験を位置づける人もいれば、別の出来事をもっとも辛いと考える人もいるでしょう。あるいは、生前、病気などで大変非常に辛く苦しい日々を故人が送ってこられた場合には、亡くなったことでむしろほっとした部分があると考える人もいるかもしれません。また死別後に生き抜いてきた日々を振り返る中で、辛い経験ではあったが、そのことで人のつながりの大切さに気付いたという人もいるかもしれません。どのような位置づけが正しいというわけではありません。大事なことは、自分の人生の中で、今自分自身が、故人の死をどのように意味づけているのかを考えることです。

　またライフラインを複数回書いてみると、その都度描く曲線が変化することもあります。人生はたった一つの線で表されるわけではありません。一つの線が立ち現れるその背後には常に、複線が存在しています。

同時に、このワークでは、これからの人生の曲線も描くことが求められています。故人の死という経験を経て、これから自分がどのような人生を歩もうとしているのかを考えてみることも、自己を学びなおすための大切な作業です。

3．自伝の作成

　このワークでは「本」というメタファーで人生が捉えられています。本書のワークはマクアダムス（McAdams, 1993）の自伝探求法をもとに作成されています。マクアダムスの自伝探求法は面接調査を行う際の方法であり、人生を一冊の本に見立てるところから始まります。その上で人生の章立て、鍵となる出来事、重要な人物、将来の台本、ストレスと問題、個人的信念、そして人生の主題について尋ねるものです。

　このワークもライフラインと同様、直接的に死別経験を取り上げてはいません。むしろ自己の学びなおしとして、これまでの人生の様々な経験を一つの物語として再構成していくことに焦点があてられています。そのため意図するところはライフラインと共通する部分があります。ただしライフラインでは「足どり」のメタファーを用いて、曲線で人生を描くことが求められているのに対して、このワークでは「本」のメタファーが用いられています。また曲線ではなく言葉で記述することが必要です。

【終章　旅の途上で】

　本書の最後に準備されているワークは、自分の心のあり様をもっともよくあらわす写真を1枚撮ることを求めています。

　本書の他所でも絵を描いたり、写真を撮って貼ったりすることが必要なワークがありましたが、このように「言葉」以外の手段で語り、表現することもまた、グリーフという行為においては重要になってきます。美術館などにおいて絵画や写真などが、言語ではない別の手段を用いて私たちに多くのメッセージを投げかけているのと同じように、こうしたヴィジュアル（視覚的）な語りも、グリーフの様々な意味づけを語っているのです。

ワークブック使用のための Q&A

　ここでは、ワークの使用に関する、よくある質問に Q&A の形で答えています。ワークブック利用の参考にしてください。

質問	回答
Q. 誰でも使えるのでしょうか。	A. はい、自死によって大切な人を亡くされた方であれば、基本的にはどなたでもお使いいただけます。 　ただし心身の調子が思わしくない方や未成年の方は、どなたか信頼できる人（医師やセラピストなど）と一緒に取り組んでください。
Q. 未成年でも使えますか。	A. このワークは基本的には成人された方向けに作成していますので、一人で取り組むことは難しいと思います。使用される場合は、必ず信頼できる大人の方と一緒に取り組んでください。
Q. 死別を経験してからどのぐらいの期間で取り組めば良いのでしょうか。	A. 一般的には亡くなって直後よりは、葬儀や四十九日などを済まされ、死別の経験に向き合う時間的・心理的ゆとりが少し生まれてからの方が取り組みやすいのではないかと思います。また本書の構成も、死別からの時間的経過に沿って、死別後の世界を生き抜く方略を考えるワークから、故人との関係性を学びなおし、自分自身の生き方を見つめなおすワークへと展開するよう配置しています。 　ただし本書の解説編でも触れているとおり、死別後のグリーフプロセスは実に多様です。ご自身の取り組めるタイミングで取り組んでいただくことが大切です。
Q. 一人だけで取り組むべきでしょうか。	A. 本書は、一人でも取り組むことができるように設計されています。ただし、本書の中で何度も触れていますが、一人で取り組むことが難しいと感じた場合は、ぜひ誰かと一緒になって取り組んでみましょう。
Q. ワークだけに取り組む、もしくは解説編だけを読むという使い方はいけないでしょうか。	A. 本書の冒頭にも書いておりますとおり、ワークだけに取り組んでいただいてもかまいません。解説編だけを読んでいただいてもかまいません。またワークもすべてに取り組む必要はありません。取り組みやすいところから実施していただければと思います。 　ただし、本書冒頭の「本書を使用する上での留意点」(p. iii) にも書いておりますが、ワークを実施する前に、必ず「序章　グリーフという旅に出る前に」には取り組んでください。

質問	回答
Q. 遺族ではなく支援者なのですが、このワークは使用できますか。	A. 本書で展開されているワークはどちらかといえば、故人の家族などの関係性にある人が取り組みやすいものとなっています。 　しかし解説編の「4．本書の読者は誰か」（p.125）でも述べているとおり、サバイバーとは故人との関係性を、遺された人がどのように意味づけるのかに依ります。したがって、医療従事者や行政職員等の支援者であっても、患者や相談者の方を自死で亡くされた場合には、本書のワークに十分取り組んでいただけます。ただし、上記のような性質のため、ワークの中には専門家という立場では取り組みにくいものもあることはご理解ください。
Q. 自死ではない死別を経験した人は、このワークに取り組んではいけないでしょうか。	A. 本書のワークは自死で大切な人を亡くされた方に取り組んでいただくように作成したものです。そのため他の死因による死別を経験された方にとっては表現や内容に違和感を持たれる部分があると思います。その一方で、どの死別経験にも共通するようなワークもあるかもしれません。 　本書の趣旨と性格をご理解いただいた上でお使いいただければと思います。
Q. 繰り返してワークに取り組もうとすると、用紙が足りません。	A. 本書のワークの中には、本書に直接書き込むタイプのものと、本書の教示を参考に（あるいは本書を下書きとして）別の用紙に書き込んだりするものがあります。前者については、あらかじめ何度も取り組むつもりでしたら、事前にワークをコピーしておくと良いでしょう。
Q. 書き込むスペースが足りません（または小さすぎる）。	A. 取り組む前に、予備のコピーや拡大コピーをとると良いでしょう。
Q. 自死という言葉と自殺という言葉がありますが、違いはあるのでしょうか。	A. 日本の社会的状況とも関わりますが、自死と自殺の用語の用い方については、様々な見解が出されています（たとえばNPO法人全国自死遺族総合支援センター, 2013；清水, 2013；南部, 2013）。本書では、遺された人のグリーフに言及する場合は自死という言葉を、もう少し幅広く社会文化との関わりに言及する場合は自死・自殺、あるいは自殺という用語を用いています。
Q. グリーフワークとグリーフプロセスの違いは何ですか。	A. 本書では、グリーフの時間的経過や過程をグリーフプロセス、グリーフの能動的な行為の側面をグリーフワークと区別しています。ただし、この二つは互いに密接に関連しています。

あとがき

　人はなぜ生まれ、死ぬのでしょうか。そして遺された私たちは、その後の世界をどのように生きていけば良いのでしょうか。

　物心ついた頃から、私の頭を離れないこの永遠の問いは、今では私の研究関心の中核を占めています。この問いに関心を寄せる理由の一つには、これまでの死別体験が深く関わっているように思います。

　亡くなった人に触れたときの手の感覚や、葬儀での辛く重苦しい光景、ふとした時に襲ってくる「ああ、もういないんだ」という強烈な感覚は、大切な人を失った経験のある人であれば誰でも持っているものかもしれません。

　しかしそうした個人的経験以上に、これまで複数の自死遺族の方々から伺ってきた、在りし日の故人の姿や遺されたものとしての苦悩や思いは、複数の声となって私の心に留まり続けています。それは遺された人の声であると同時に、不在の他者、つまり死者の声でもあります。そして、それらの声は私に「それを聴いて、あなたは一体どうするのか」と問いかけてきているように思うのです。もっと言えば、応答を求める死者の声が私に聞こえるのです。本書は、こうした声への一つの応答を、私なりにあらわそうとしたものです。

　本書の構想を思いついたのは、これまでの調査研究や自死遺族の方々との交流の中から、遺された人本人にとって直接届くものが少ないのではないか、と疑問を抱いたことにはじまります。私はこれまで自死遺族に関わる専門家向けのガイドライン作成や、専門家向けの研修会、サポートグループの活動評価などに関わってきましたが、それらはみな自死遺族に「関わる人」に向けられたものでした。もちろん、これらの研究が大切であることは間違いありませんが、それと同時に、遺された方本人に届く何かが必要ではないかと思い至ったのです。また同時に、自死はもとより、死別を経験した人が取り組むワークブックが日本ではほとんどないことにも気がつきました。こうした経緯から、そして上述の応答として、本書を作成しました。

　本書の作成にあたっては多くの方から様々なアドバイスや示唆をいただきました。はじめに独立行政法人国立精神・神経医療研究センター精神保健研究所の川野健治先生とメンフィス大学のロバート・A・ニーマイアー先生には、ワークブックの構想段階から有意義なアドバイスと情報を提供していただきま

した。ジョン・J・ジョーダン先生、ウィリアム・フィーゲルマン先生からは温かい励ましの言葉をいただきました。ダイアナ・サンズ先生とはワークブックのコンテンツや研究実践の交流を通して、貴重な示唆をいただきました。畿央大学（当時）の故良原誠崇先生には、ワークブックの構想や理論的背景、コンテンツの案について議論させていただき、多くの示唆をいただきました。

またルーテル学院大学の石井千賀子先生、グリーフ・カウンセリング・センターの鈴木剛子先生、新潟県立大学の勝又陽太郎先生、滋賀県立大学の松嶋秀明先生、東京大学の橋本望先生には、ワークブックへの示唆に富んだコメントをいただきました。記してお礼申し上げます。

さらにNPO法人 全国自死遺族総合支援センターの杉本脩子氏、南部節子氏、秋田整氏からは、本ワークブックに対する忌憚のないご意見を頂戴しました。そしてここにはお名前を挙げることができない複数の自死遺族の方々の貴重な語りは、本書をまとめる上で欠くことのできないものでした。この場を借りて、心よりお礼申し上げます。

また本書を作成するにあたり、JSDP科研費23730689の助成をいただきました。新曜社の塩浦暲氏には、本書の趣旨をご理解いただき、出版の機会と丁寧なサポートをいただきました。

グリーフは終わることのない旅です。このワークブックとともに歩んできたグリーフのプロセスは、ここでひとまずの区切りを迎えます。しかしそれは次の旅の出発に他なりません。

ワークに再び取り組むことで、次の旅に出る方もいるでしょう。また別の形で自分自身のグリーフに向き合う方もいるでしょう。数年後に、ふとこのワークを思い出して取り組む方もいるでしょう。

この旅の道程が、あなたが次の旅に向かうための糧となれば、望外の喜びです。

引用文献

Attig, T. (1996). *How we grieve: Relearning the world*. New York: Oxford University Press.（アティッグ, T. 林　大（訳）(1998).『死別の悲しみに向きあう』大月書店）

Attig, T. (2001). Relearning the world: Making meaning and finding meanings. In R. A. Neimeyer (Ed.), *Meaning reconstruction and the experience of loss* (pp.33-53). Washington, DC: American Psychological Association.

Barrett, T. W., & Scott, T. B. (1989). Development of the Grief Experience Questionnaire. *Suicide and Life-Threatening Behavior, 19*, 201-215.

Bailley, S., Dunham, K., & Krai, M. (2000). Factor structure of the grief experience questionnaire (GEQ). *Death Studies, 24*, 721-738.

Bruner, J. S. (1990). *Acts of meaning*. Cambridge: Harvard University Press.（ブルーナー, J. S. 岡本夏木・仲渡一美・吉村啓子（訳）(1999).『意味の復権 ―― フォークサイコロジーに向けて』ミネルヴァ書房）

Cerel, J., Maple, M., Aldrich, R., & van de Venne, J. (2013). Exposure to suicide and identification as survivor. *Crisis: The Journal of Crisis Intervention and Suicide Prevention, 34*, 413-419.

Community Mental Health Project (1997). Companions on a Journey: an exploration of an alternative community mental health project. *Dulwich Centre Newsletter, 1*, 6-16. (Republished in White, C. & Denborough, D. (1998). *Introducing narrative therapy: A collection of practice-based writings*. Adelaide: Dulwich Centre Publications.)（コミュニティ・メンタルヘルス・プロジェクト (2000).「ジャーニーの手引き ―― ダルウィッチ・センター・コミュニティ・メンタルヘルス・プロジェクトの仕事」ホワイト, S., デンボロウ, D.（編）小森康永（監訳）『ナラティヴ・セラピーの実践』金剛出版, pp.11-27.）

Clark, S. (2001). Mapping grief: An active approach to grief resolution. *Death Studies, 25*, 531-548.

Dougy Center, The. (2001). *After a suicide: An activity book for grieving kids*. Portland, OR: The Dougy Center.

Feigelman, B., & Feigelman, W. (2008). Surviving after suicide loss: The healing potentials of suicide survivor support groups. *Illness, Crisis & Loss, 16*, 285-304.

Frankl, V. E. (1946). *Ein Psycholog erlebt das Konzentrationslager*. Wien: Verlag für Jugend und Volk.（フランクル, V. E. 霜山徳爾（訳）(1956).『夜と霧 ―― ドイツ強制収容所の体験記録』みすず書房）

Goldman, L. (2000). *Life and loss: A guide to helping grieving children* (2nd Edition). Philadelphia, PA: Taylor &. Francis.（ゴールドマン, L. 天貝由美子（訳）(2005).『子どもの喪失と悲しみを癒すガイド ―― 生きること・失うこと』創元社）

Gillies, J., & Neimeyer, R. A. (2006). Loss, grief, and the search for significance: Toward a model of meaning reconstruction in bereavement. *Journal of Constructivist Psychology, 19*, 31-65.

Hedtke, L., & Winslade, J. (2004). *Re-membering lives: Conversations with the dying and the bereaved*. New York. Baywood Publishing Company.（ヘツキ, L. ウィンスレッド, J. 小森康永・石井千賀子・奥野　光（訳）(2005).『人生のリ・メンバリング ―― 死にゆく人と遺される人との会話』金剛出版）

平山正美（監修）, グリーフケア・サポートプラザ（編）(2004).『自ら逝ったあなた, 遺された私 ―― 家族の自死と向きあう』朝日新聞社

自死遺児編集委員会・あしなが育英会（編）(2002).『自殺って言えなかった』サンマーク出版

Jordan, J. R. (2001). Is suicide bereavement different?: A reassessment of the literature. *Suicide and Life-Threatening Behavior, 31*, 91-102.

Jordan, J. R. (2011). Group work with suicide survivors. In J. R. Jordan, J. L. McIntosh. (Eds.), *Grief after suicide: Understanding the consequences and caring for the survivors* (pp.283-300). New York: Routledge.

Jordan, J. R., & McMenamy, J. (2004). Interventions for suicide survivors: A review of the literature. *Suicide and Life-Threatening Behavior, 34*, 337-349.

川野健治 (2008).「自死遺族の語り ―― 今, 返事を書くということ」やまだようこ（編）『質的心理学講座第2巻　人生と病の語り』(pp.79-99) 東京大学出版会

川野健治 (2009).「自死遺族の悲嘆と期待されるコミュニケーションの欠如」『ストレス科学』*24*, 24-32.

川野健治・川島大輔・荘島幸子 (2008).「こころの健康相談とナラティブ分析／ナラティブ実践」『第32回日本自殺予防学会総会プログラム・抄録集』48.

川野健治・桑原　寛・白川教人・伊藤真人・鈴木志麻子・杉本脩子・川島大輔・白神敬介 (2012).『自死遺族支援グループ評価研究報告書』独立行政法人国立精神・神経医療研究センター精神保健研究所自殺予防総合対策センター

川島大輔 (2007).「ライフレビュー」やまだようこ（編著）『質的心理学の方法 ── 語りをきく』（pp.144-158）新曜社

川島大輔 (2008).「意味再構成理論の現状と課題 ── 死別による悲嘆における意味の探求」『心理学評論』*51*, 485-499.

川島大輔 (2011).『生涯発達における死の意味づけと宗教 ── ナラティヴ死生学に向けて』ナカニシヤ出版

川島大輔・川野健治 (2011).「自死遺族ケア」張　賢徳（編）『自殺予防の基本戦略』（専門医のための精神科臨床リュミエール29）（pp.219-226）中山書店

川島大輔・川野健治・小山達也・伊藤弘人 (2010).「自死遺族の精神的健康に影響を及ぼす要因の検討」『精神保健研究』*56*, 55-63.

Klass, D. (2001). The inner representations of the dead child in the psychic and social narratives of bereaved parents. In R. A. Neimeyer, (Ed.). *Meaning reconstruction and the experience of loss.* (pp.77-94). Washington, DC: American Psychological Association.

Kübler-Ross, E. (1969). *On death and dying.* New York: Macmillan.（キューブラー・ロス, E. 鈴木　晶（訳）(1998).『死ぬ瞬間 ── 死とその過程について』完全新訳改訂版, 読売新聞社）

Maciejewski, P. K., Zhang, B., Block, S. D., & Prigerson, H. G. (2007). An empirical examination of the stage theory of grief resolution. *JAMA: The Journal of the American Medical Association, 297*, 716-723.

Maple, M., Edwards, H. E., Minichiello, V., & Plummer, D. (2013). Still part of the family: The importance of physical, emotional and spiritual memorial places and spaces for parents bereaved through the suicide death of their son or daughter. *Mortality: Promoting the interdisciplinary study of death and dying, 18*, 54-71.

McAdams, D.P. (1993). *The stories we live by: Personal myths and the making of the self.* New York: The Guilford Press.

McKay, M., Wood, J. C., & Brantley, J. (2007). *The dialectical behavior therapy skills workbook.* Oakland, CA: New Harbinger.（マッケイ, M. ウッド, J. ブラントリー, J. 遊佐安一郎・荒井まゆみ（訳）(2011).『弁証法的行動療法　実践トレーニングブック ── 自分の感情とよりうまくつきあっていくために』星和書店）

Murphy, S. A., Johnson, L. C., & Lohan, J. (2003). Finding meaning in a child's violent death: A five-year prospective analysis of parents' personal narratives and empirical data. *Death Studies, 27*, 381-404.

南部節子 (2013).「私の視点　『自殺』と『自死』── 言い換えより遺族支援を」朝日新聞6月22日朝刊

Neimeyer, R. A. (2000). Searching for the meaning of meaning: Grief therapy and the process of reconstruction. *Death Studies, 24*, 541-558.

Neimeyer, R. A. (Ed.). (2001). *Meaning reconstruction and the experience of loss.* Washington, DC: American Psychological Association.

Neimeyer, R. A. (2001). Reauthoring life narratives: Grief therapy as meaning reconstruction. *The Israel Journal of Psychiatry and Related Sciences, 38*, 171-183.

Neimeyer, R. A. (2002). *Lessons of loss: A guide of coping.* New York: McGraw-Hill.（ニーメヤー, R. A. 鈴木剛子（訳）(2006).『〈大切なもの〉を失ったあなたに ── 喪失をのりこえるガイド』春秋社）

Neimeyer, R. A., & Anderson, A. (2002). Meaning reconstruction theory. In N. Thompson (Ed.), *Loss and grief: A guide for human services practitioners* (pp.45-64). Basingstoke: Palgrave.

NPO法人全国自死遺族総合支援センター (2013).「『自死・自殺』の表現に関するガイドライン」全国自死遺族総合支援センター　2013年10月9日 <http://www.izoku-center.or.jp/images/guideline.pdf>

（2013年12月1日）

大倉高志・引土絵未・市瀬晶子・田邊 蘭・中山健夫・木原活信 (2013).「配偶者を亡くした自死遺族が望む情報提供と支援 ── 地域における支援実践への寄与」『評論・社会科学』**104**, 51-87.

Parkes, C. M. (1996). *Bereavement: Studies of grief in adult life*. 3rd ed. New York: Routledge.（パークス, C. M. 桑原治雄・三野善央（訳）(2002).『死別 ── 遺された人たちを支えるために』メディカ出版）

Prigerson, H. G., & Maciejewski, P. K. (2008). Grief and acceptance as opposite sides of the same coin: Setting a research agenda to study peaceful acceptance of loss. *British Journal of Psychiatry, 193*, 435-437.

Romain, T. (1999). *What on earth do you do when someone dies?* Minneapolis, MN: Free Spirit.（ロメイン, T. 上田勢子・藤本惣平（訳）(2002).『トレボー・ロメイン心の救急箱④　大切な人が死んじゃった』大月書店）

Romanoff, B. D., & Terenzio, M. (1998). Rituals and the grieving process. *Death Studies, 22*, 697-711.

Russell, S., & Carey, M. (2004). *Narrative Therapy: Responding to your questions*. Adelaide, South Australia: Dulwich Centre Publications.（ラッセル, J. & ケアリー, M. 小森康永・奥野光（訳）(2006).『ナラティヴ・セラピー　みんなのQ&A』金剛出版）

Sands, D. (2009). A tripartite model of suicide grief: Meaning-making and the relationship with the deceased. *Grief Matters: The Australian Journal of Grief and Bereavement, 12*, 10-17.

Sands, D. (2010). *Red chocolate elephants: For children bereaved by suicide*, Sydney, Australia: Karridale.

Sands, D., Jordan, J. E., & Neimeyer, R. A. (2011). The meanings of suicide: A narrative approach to healing. In J. R. Jordan, J. L. McIntosh. (Eds.), *Grief after suicide: Understanding the consequences and caring for the survivors* (pp.249-282). New York: Routledge.

Schroots, J. J. F. (1991). Metaphors of aging and complexity. In G. M. Kenyon, J. E. Birren & J. J. F. Schroots (Eds.), *Metaphors of aging in science and the humanities* (pp.219-243). New York: Springer Publishing Company.

Schroots, J. J. F., & Birren, J. E. (2002). The study of lives in progress: Approaches to research on life stories. In G. D. Rowles & N. E. Schoenberg (Eds.), *Qualitative Gerontology* (2nd Ed.) (pp.51-65). New York: Springer Publishing Company.

Schroots, J. J. F., Birren, J. E., & Kenyon, G. M. (1991). Metaphors and aging: An overview. In G. M. Kenyon, J. E. Birren, & J. J. F. Schroots (Eds.), *Metaphors of aging in science and the humanities* (pp.1-16). New York: Springer Publishing Company.

Shneidman, E. (1969). Prologue: Fifty-eight years. In E. Shneidman (Ed.), *On the nature of suicide* (pp.1-30). San Francisco: Jossey-Bass.

清水新二 (2013).「私の視点　『自死』という言葉 ── 遺族に寄り添った表現に」朝日新聞6月22日朝刊

Silver, R. C., & Wortman, C. B. (2007). The stage theory of grief. *JAMA: The Journal of the American Medical Association, 297*, 2692.

Silverman, P. R., & Nickman, S. L.. (1996). Children's construction of their dead parents. In D. Klass, P. R. Silverman, & S. L. Nickm1an (Eds.), *Continuing bonds: New understanding of grief* (pp.73-86). Philadelphia: Taylor & Francis.

Stroebe, M. S., & Schut, H. (1999). The dual process model of coping with bereavement: Rationale and description. *Death Studies, 23*, 197-224.

Stroebe, M. S., & Schut, H. (2001). Meaning making in the dual process model of coping with bereavement. In R. A. Neimeyer (Ed.), *Meaning reconstruction and the experience of loss* (pp.55-73). Washington, DC: American Psychological Association.

Sveen, C. A., & Walby, F. A. (2008). Suicide survivors' mental health and grief reactions: A systematic review of controlled studies. *Suicide and Life-Threatening Behavior, 38*, 13-29.

Thorson, J. A. (1996). Qualitative thanatology. *Mortality, 1*, 177-190.

Walter, T. (1996). A new model of grief: bereavement and biography. *Mortality, 1*, 7-25.

White, M. (1995). *Re-Authoring lives: Interviews & Essays*. Adelaide: Dulwich Center Publications.（ホワイト, M. 小森康永・土岐篤史（訳）(2000).『人生の再著述 ── マイケル、ナラティヴ・セラピーを語る』

ヘルスワーク協会）

White, M.（1998）Saying hullo again: The incorporation of the lost relationship in the resolution of grief. In C. White & D. Denborough (Eds.), *Introducing narrative therapy: A collection of practice-based writings* (pp.17-29). Adelaide: Dulwich Centre Publications.（ホワイト, M.（2000）.「再会 ── 悲哀の解決における失われた関係の取り込み」ホワイト, S., デンボロウ, D.（編）小森康永（監訳）『ナラティヴ・セラピーの実践』金剛出版, pp.28-42.）

White, M. (2001). Folk psychology and narrative practice. *Dulwich Centre Journal*, 2001, 3-37.（ホワイト, M. 小森康永（監訳）(2007)「フォークサイコロジーとナラティヴ・プラクティス」ホワイト, M.『ナラティヴ・プラクティスとエキゾチックな人生』金剛出版, pp.69-122.）

White, M., & Eptson, D. (1990). *Narrative means and therapeutic ends*. Adelaide: Dulwich Centre Publications.（ホワイト, M. エプトソン, D. 小森康永（訳）(1992).『物語としての家族』金剛出版）

White, M. & Morgan, A. (2006). *Narrative therapy with children and their families*. Adelaide: Dulwich Centre Publications.（ホワイト, M. モーガン, A. 小森康永・奥野 光（訳）(2007).『子どもたちとのナラティヴ・セラピー』金剛出版）

Williams, M. B., & Poijula, S. (2002). *The PTSD workbook: Simple effective techniques for overcoming traumatic stress disorder*. Oakland, CA: New Harbinger Publications.（ウィリアムズ, M. B. ポイユラ, S. グループ・ウィズネス（訳）(2009).『心とからだと魂の癒し　トラウマから恢復するためのPTSDワークブック ── 大切な存在であるあなたへ』明石書店）

Worden, J. W. (2008). *Grief counseling and grief therapy: A handbook for the mental health practitioner* (4th Edition). New York: Sage.（ウォーデン, J. W. 山本　力（監訳）(2011).『悲嘆カウンセリング ── 臨床実践ハンドブック』誠信書房）

やまだようこ (1987).『ことばの前のことば ── ことばが生まれるすじみち1』新曜社

やまだようこ (1988).『私をつつむ母なるもの ── イメージ画にみる日本文化の心理』有斐閣

やまだようこ (2000a).「喪失と生成のライフストーリー」やまだようこ（編著）『人生を物語る ── 生成のライフストーリー』(pp.77-108). ミネルヴァ書房

やまだようこ (2000b).「人生を物語ることの意味 ── ライフストーリーの心理学」やまだようこ（編著）『人生を物語る ── 生成のライフストーリー』(pp.1-38) ミネルヴァ書房

やまだようこ (2006).「喪失といのちのライフストーリー」『日本保健医療行動科学会年報』*21*, 34-48.

やまだようこ (2007).『喪失の語り ── 生成のライフストーリー』やまだようこ著作集第8巻, 新曜社

やまだようこ・河原紀子・藤野友紀・小原佳代・田垣正晋・藤田志穂・堀川　学 (1999).「人は身近な『死者』から何を学ぶか ── 阪神大震災における『友人の死の経験』の語りより」『教育方法の探求』（京都大学大学院教育学研究科教育方法学講座紀要），*2*, 61-78.

やまだようこ・田垣正晋・保坂裕子・近藤和美 (2000).「阪神大震災における『友人の死の経験』の語りと語り直し」『教育方法の探求』（京都大学大学院教育学研究科教育方法学講座紀要），*3*, 63-81.

良原誠崇 (2009).「自死遺族サポート・グループ運営者の喪失をめぐる物語的構成」『心理臨床学研究』*26*, 710-721.

著者紹介

川島大輔（かわしま　だいすけ）

兵庫県明石市生まれ。京都大学大学院教育学研究科博士後期課程単位取得後満期退学。博士（教育学，京都大学）。財団法人精神・神経科学振興財団リサーチ・レジデント，独立行政法人国立精神・神経医療研究センター精神保健研究所自殺予防総合対策センター研究員，北海道教育大学准教授を経て，現在，中京大学心理学部准教授。専門は生涯発達心理学，死生学，自殺予防学。「死とともに，人はどう生きるのか」をテーマとして掲げ，教育研究に従事している。主要著作に『生涯発達における死の意味づけと宗教 —— ナラティヴ死生学に向けて』（ナカニシヤ出版），『質的心理学ハンドブック』（分担執筆，新曜社）など。

自死で大切な人を失ったあなたへのナラティヴ・ワークブック

初版第1刷発行　2014年7月1日

著　者　川島大輔
発行者　塩浦　暲
発行所　株式会社　新曜社
　　　　101-0051　東京都千代田区神田神保町3-9
　　　　電話（03)3264-4973（代）・FAX（03)3239-2958
　　　　e-mail : info@shin-yo-sha.co.jp
　　　　URL : http://www.shin-yo-sha.co.jp
組　版　西田久美（Katzen House）
印　刷　新日本印刷
製　本　イマヰ製本所

Ⓒ Daisuke Kawashima, 2014 Printed in Japan
ISBN978-4-7885-1392-1 C1011